Geschmackvolles Italien

Die Kunst der Italienischen Küche

Elena Weber

INHALTSVERZEICHNIS

Gebratener Rosenkohl 9

Rosenkohl mit Pancetta 11

Gebräunter Kohl mit Knoblauch 13

Geraspelter Kohl mit Kapern und Oliven 15

Kohl mit geräuchertem Pancetta 17

Gebratene Karden 18

Kardonen mit Parmigiano-Reggiano 21

Karden in Creme 23

Karotten und Rüben mit Marsala 25

Geröstete Karotten mit Knoblauch und Oliven 27

Karotten in Sahne 29

Süß-saure Karotten 31

Marinierte Aubergine mit Knoblauch und Minze 33

Gegrillte Aubergine mit frischer Tomatensalsa 35

Auberginen-Mozzarella-Sandwiches 37

Aubergine mit Knoblauch und Kräutern 39

Auberginensticks mit Tomaten nach neapolitanischer Art 41

Mit Prosciutto und Käse gefüllte Auberginen 44

Mit Sardellen, Kapern und Oliven gefüllte Auberginen 47

Aubergine mit Essig und Kräutern 50

Gebratene Auberginenkoteletts 53

Aubergine mit würziger Tomatensauce 56

Auberginen Parmigiana 58

Gerösteter Fenchel 60

Fenchel mit Parmesankäse 62

Fenchel mit Sardellensauce 64

Grüne Bohnen mit Petersilie und Knoblauch 66

Grüne Bohnen mit Haselnüssen 68

Grüne Bohnen mit grüner Soße 70

Grüner Bohnensalat 71

Grüne Bohnen in Tomaten-Basilikum-Sauce 73

Grüne Bohnen mit Pancetta und Zwiebeln 75

Grüne Bohnen mit Tomaten-Pancetta-Sauce 77

Grüne Bohnen mit Parmigiano 79

Wachsbohnen mit Oliven 81

Spinat mit Zitrone 83

Spinat oder anderes Gemüse mit Butter und Knoblauch 85

Spinat mit Rosinen und Pinienkernen 87

Spinat mit Sardellen nach piemontesischer Art 89

Eskariole mit Knoblauch 91

Löwenzahn mit Kartoffeln 93

Pilze mit Knoblauch und Petersilie 95

Pilze nach Genua-Art 97

Geröstete Pilze 99

Rahmpilze 101

Cremig gebackene gefüllte Pilze 103

Pilze mit Tomaten und Kräutern 105

Pilze in Marsala 107

Gegrillte Pilze 109

Frittierte Pilze 111

Pilzgratin 113

Austernpilze mit Wurst 115

Mit Thunfisch gefüllte Zucchini 117

gebratene Zucchini 120

Zucchini-Flans 122

Süß-saurer Winterkürbis 125

Gegrilltes Gemüse 128

Geröstetes Winterwurzelgemüse 130

Sommerlicher Gemüseeintopf 132

Mehrschichtiger Gemüseauflauf 135

Hausgemachtes Brot 140

Kräuterbrot 143

Käsebrot nach Markenart 146

Goldene Maisbrötchen 149

Schwarzes Olivenbrot 152

Stromboli-Brot 155

Walnusskäsebrot 158

Tomatenbrötchen 161

Land-Brioche 164

Sardisches Notenpapierbrot 167

Fladenbrot mit roten Zwiebeln 170

Weißwein-Fladenbrot 173

Fladenbrot mit sonnengetrockneten Tomaten 176

Römisches Kartoffelfladenbrot 179

Grillbrote aus der Emilia-Romagna 182

Grissini 185

Fenchelringe 188

Ringe aus Mandeln und schwarzem Pfeffer 191

Hausgemachte Pizza 194

Pizzateig nach neapolitanischer Art 197

Pizza mit Mozzarella, Tomaten und Basilikum 200

Pizza mit Tomaten, Knoblauch und Oregano 202

Pizza mit Waldpilzen 204

Calzoni 207

Sardellenkrapfen 211

Tomaten- und Käseumsätze 214

Osterkuchen 216

Gebratener Rosenkohl

Cavolini al Forno

Ergibt 4 bis 6 Portionen

Wenn Sie noch nie gerösteten Rosenkohl probiert haben, werden Sie erstaunt sein, wie gut er schmeckt. Ich röste sie, bis sie schön braun sind. Die äußeren Blätter werden knusprig, während die Innenseiten weich bleiben. Diese passen hervorragend zu Schweinebraten.

1 Pfund Rosenkohl

⅓ Tasse Olivenöl

Salz

3 Knoblauchzehen, in Scheiben geschnitten

1. Schneiden Sie mit einem kleinen Messer eine dünne Scheibe vom Rosenkohlansatz ab. Schneiden Sie sie durch den Boden in zwei Hälften.

2. Heizen Sie den Ofen auf 375 °F vor. Gießen Sie das Öl in einen Bräter, der groß genug ist, um die Sprossen in einer einzigen Schicht aufzunehmen. Sprossen, Salz und Knoblauch hinzufügen.

Gut umrühren und die Sprossen mit der Schnittseite nach unten wenden.

3. Rösten Sie die Sprossen unter einmaligem Rühren 30 bis 40 Minuten lang oder bis sie braun und zart sind. Heiß servieren.

Rosenkohl mit Pancetta

Cavolini di Bruxelles al Pancetta

Ergibt 4 bis 6 Portionen

Knoblauch und Pancetta würzen diese Sprossen. Ersetzen Sie die Pancetta durch Speck, um einen Hauch von rauchigem Geschmack zu erhalten.

1 Pfund Rosenkohl

Salz nach Geschmack

2 Esslöffel Olivenöl

2 dicke Scheiben Pancetta (2 Unzen), in Streichholzstreifen geschnitten

4 große Knoblauchzehen, in dünne Scheiben geschnitten

Prise zerstoßener roter Pfeffer

1. Schneiden Sie mit einem kleinen Messer eine dünne Scheibe vom Rosenkohlansatz ab.

2. Bringen Sie einen großen Topf Wasser zum Kochen. Sprossen und Salz nach Geschmack hinzufügen. Kochen, bis die Sprossen fast zart sind, etwa 5 Minuten.

3. In einer großen Pfanne den Pancetta im Öl ca. 5 Minuten braten, bis er leicht goldbraun ist. Fügen Sie den Knoblauch und die zerstoßene rote Paprika hinzu und kochen Sie das Ganze noch etwa 2 Minuten lang, bis der Knoblauch goldbraun ist.

4. Den Rosenkohl, 2 Esslöffel Wasser und eine Prise Salz hinzufügen. Unter gelegentlichem Rühren ca. 5 Minuten kochen, bis die Sprossen weich sind und anfangen zu bräunen. Heiß servieren.

Gebräunter Kohl mit Knoblauch

Cavolo al'Aglio

Ergibt 4 Portionen

Auf diese Weise zubereiteter Kohl schmeckt überhaupt nicht wie das langweilige und matschige Gemüse, das wir alle so gerne hassen. Ich dachte immer, dass zu langes Kochen den Kohl ruiniert, aber in diesem Fall, wie beim gerösteten Rosenkohl oben, bräunt langes, langsames Kochen den Kohl und verleiht ihm einen reichen, süßen Geschmack. Ich habe es zum ersten Mal im Manducatis probiert, einem Restaurant in Long Island City, dessen Besitzer aus Montecassino in Italien stammen.

1 mittelgroßer Kohlkopf (ca. 1 1/2 Pfund)

3 große Knoblauchzehen, fein gehackt

Zerkleinerter roter Pfeffer

1/4 Tasse Olivenöl

Salz

1. Schneiden Sie die äußeren Blätter des Kohls ab. Den Kohl mit einem großen, schweren Kochmesser vierteln. Den Kern herausschneiden. Den Kohl in mundgerechte Stücke schneiden.

2. In einem großen Topf den Knoblauch und die rote Paprika im Olivenöl bei mittlerer bis niedriger Hitze kochen, bis der Knoblauch goldbraun ist (ca. 2 Minuten).

3. Kohl und Salz hinzufügen. Gut umrühren. Abdecken und unter häufigem Rühren 20 Minuten lang kochen, bis der Kohl leicht gebräunt und zart ist. Wenn der Kohl anfängt zu kleben, etwas Wasser hinzufügen. Heiß servieren.

Geraspelter Kohl mit Kapern und Oliven

Cavolo al Capperi

Ergibt 4 Portionen

Oliven und Kapern verfeinern den zerkleinerten Kohl. Wenn Sie keinen ganzen Kohl kaufen möchten, versuchen Sie es mit einer Tüte ungeschältem Krautsalat aus der Obst- und Gemüseabteilung des Supermarkts. Die Marke, die ich kaufe, ist eine Kombination aus Weißkohl, etwas Rotkohl und Karotten. In diesem Rezept funktioniert es perfekt.

4 Esslöffel Olivenöl

1 kleiner Kohlkopf (ca. 1 Pfund)

Etwa 3 Esslöffel Wasser

1 bis 2 Esslöffel Weißweinessig

Salz

½ Tasse gehackte grüne Oliven

1 Esslöffel gehackte Kapern

1. Schneiden Sie die äußeren Blätter des Kohls ab. Den Kohl mit einem großen, schweren Kochmesser vierteln. Den Kern herausschneiden. Die Viertel quer in schmale Streifen schneiden.

2. In einem großen Topf das Öl bei mittlerer Hitze erhitzen. Kohl, Wasser, Essig und etwas Salz hinzufügen. Gut umrühren.

3. Decken Sie den Topf ab und stellen Sie die Hitze auf niedrig. Kochen, bis der Kohl fast zart ist, etwa 15 Minuten.

4. Oliven und Kapern unterrühren. Kochen, bis der Kohl sehr zart ist, weitere etwa 5 Minuten. Wenn sich noch viel Flüssigkeit in der Pfanne befindet, decken Sie sie ab und kochen Sie, bis sie verdampft ist. Heiß servieren.

Kohl mit geräuchertem Pancetta

Verze con Pancetta Affumicata

Ergibt 6 Portionen

Hier ist ein weiteres traditionelles friaulisches Rezept, inspiriert von Küchenchef Gianni Cosetti. Gianni verwendet für dieses Rezept geräucherten Pancetta, Sie können ihn aber auch durch Speck oder geräucherten Schinken ersetzen.

2 Esslöffel Olivenöl

1 mittelgroße Zwiebel, gehackt

2 Unzen gehackter geräucherter Pancetta, Speck oder Schinken

½ mittelgroßer Kohlkopf, in dünne Scheiben geschnitten

Salz und frisch gemahlener schwarzer Pfeffer

1. In einem großen Topf Öl, Zwiebel und Pancetta 10 Minuten lang oder bis sie goldbraun sind, kochen.

2. Den Kohl unterrühren und mit Salz und Pfeffer abschmecken. Reduzieren Sie die Hitze. Abdecken und 30 Minuten kochen, bis es sehr weich ist. Heiß servieren.

Gebratene Karden

Cardoni Fritti

Ergibt 6 Portionen

Hier ist ein Grundrezept für Kardonen: Sie werden gekocht, mit Semmelbröseln bestrichen und knusprig frittiert. Diese eignen sich gut als Teil eines Antipasti-Sortiments oder als Beilage zu Lamm oder Fisch.

1 Zitrone, halbiert

2 Pfund Kardons

3 große Eier

2 Esslöffel frisch geriebener Parmigiano-Reggiano

Salz und frisch gemahlener schwarzer Pfeffer

2 Tassen einfache Semmelbrösel

Pflanzenöl zum Braten

Zitronenscheiben

1. Drücken Sie die Zitrone in eine große Schüssel mit kaltem Wasser. Schneiden Sie die Enden der Kardonen ab und trennen Sie den Stiel in Rippen. Schälen Sie jede Rippe mit einem Schälmesser, um die langen, zähen Fäden und alle Blätter zu entfernen. Schneiden Sie jede Rippe in 3-Zoll-Längen. Legen Sie die Stücke in das Zitronenwasser.

2. Bringen Sie einen großen Topf mit Wasser zum Kochen. Die Kardonen abtropfen lassen und in die Pfanne geben. Beim Einstechen mit einem Messer ca. 20 bis 30 Minuten kochen, bis es weich ist. Gut abtropfen lassen und unter fließendem Wasser abkühlen lassen. Die Stücke trocken tupfen.

3. Ein Tablett mit Papiertüchern auslegen. In einer flachen Schüssel die Eier mit dem Käse verquirlen, mit Salz und Pfeffer abschmecken. Die Semmelbrösel auf einem Blatt Wachspapier verteilen. Tauchen Sie die Kardonen in das Ei und wälzen Sie sie dann in den Semmelbröseln.

4. In einer großen, tiefen Pfanne etwa 1/2 Zoll Öl bei mittlerer Hitze erhitzen, bis ein kleiner Tropfen des Eies brutzelt und schnell gart, wenn es in die Pfanne fällt. Fügen Sie gerade so viele Kardons hinzu, dass sie in eine Schicht passen, ohne dass es zu einer Überfüllung kommt. Kochen Sie die Stücke etwa 3 bis 4 Minuten lang, indem Sie sie mit einer Zange wenden, bis sie von

allen Seiten gebräunt und knusprig sind. Auf Küchenpapier abtropfen lassen. Halten Sie sie in einem niedrigen Ofen warm, während Sie den Rest braten. Heiß mit Zitronenspalten servieren.

Kardonen mit Parmigiano-Reggiano

Cardoni alla Parmigiana

Ergibt 6 Portionen

Mit Butter und Parmigiano gebacken schmecken Karden köstlich.

1 Zitrone, halbiert

Ungefähr 2 Pfund Kardons

Salz und frisch gemahlener Pfeffer

3 Esslöffel ungesalzene Butter

½ Tasse frisch geriebener Parmigiano-Reggiano

1. Bereiten Sie die Kardons wie folgt vorGebratene Kardenbis Schritt 2.

2. Stellen Sie einen Rost in die Mitte des Ofens. Heizen Sie den Ofen auf 450 °F vor. Eine 13 × 9 × 2 Zoll große Backform großzügig mit Butter bestreichen.

3. Ordnen Sie die Kardonenstücke in der Pfanne an. Mit der Butter beträufeln und mit Salz und Pfeffer bestreuen. Den Käse darüber streuen.

4. 10 bis 15 Minuten backen oder bis der Käse leicht geschmolzen ist. Heiß servieren.

Karden in Creme

Cardoni alla Panna

Ergibt 6 Portionen

Diese Kardonen werden in einer Pfanne mit etwas Sahne gekocht. Parmigiano-Reggiano sorgt für den letzten Schliff.

1 Zitrone, halbiert

Ungefähr 2 Pfund Kardons

2 Esslöffel ungesalzene Butter

Salz und frisch gemahlener schwarzer Pfeffer

1/2 Tasse Sahne

1/2 Tasse frisch geriebener Parmigiano-Reggiano

1. Bereiten Sie die Kardons wie folgt vorGebratene Kardenbis Schritt 2.

2. In einer großen Pfanne die Butter bei mittlerer Hitze schmelzen. Die Kardonen sowie Salz und Pfeffer nach Geschmack hinzufügen. Etwa 1 Minute lang rühren, bis alles mit der Butter bedeckt ist.

3. Die Sahne dazugeben und zum Kochen bringen. Kochen, bis die Sahne leicht eingedickt ist, etwa 1 Minute. Mit Käse bestreuen und heiß servieren.

Karotten und Rüben mit Marsala

Misto di Rape e Carote

Ergibt 4 Portionen

Süßes, nussig schmeckendes Marsala verstärkt den Geschmack von Wurzelgemüse wie Karotten und Rüben.

4 mittelgroße Karotten

2 mittelgroße Rüben oder 1 große Steckrübe

2 Esslöffel ungesalzene Butter

Salz

¼ Tasse trockener Marsala

1 Esslöffel gehackte frische glatte Petersilie

1. Schälen Sie die Karotten und Rüben und schneiden Sie sie in 2,5 cm große Stücke.

2. In einer großen Pfanne die Butter bei mittlerer Hitze schmelzen. Fügen Sie das Gemüse und Salz nach Geschmack hinzu. 5 Minuten kochen lassen, dabei gelegentlich umrühren.

3. Fügen Sie den Marsala hinzu. Abdecken und weitere 5 Minuten kochen lassen oder bis der Wein verdunstet ist und das Gemüse zart ist. Mit Petersilie bestreuen und sofort servieren.

Geröstete Karotten mit Knoblauch und Oliven

Carote al Forno

Ergibt 4 Portionen

Karotten, Knoblauch und Oliven sind eine überraschend gute Kombination, wobei die Salzigkeit der Oliven mit der Süße der Karotten harmoniert. Ich hatte diese in Ligurien, nahe der Grenze zu Frankreich.

8 mittelgroße Karotten, geschält und schräg in 1/2 Zoll dicke Scheiben geschnitten

2 Esslöffel Olivenöl

3 Knoblauchzehen, in Scheiben geschnitten

Salz und frisch gemahlener schwarzer Pfeffer

1/2 Tasse entkernte importierte milde schwarze Oliven, wie zum Beispiel Gaeta

1. Stellen Sie einen Rost in die Mitte des Ofens. Heizen Sie den Ofen auf 425 °F vor. In einer großen Backform die Karotten mit Öl, Knoblauch sowie Salz und Pfeffer nach Geschmack vermischen.

2. 15 Minuten rösten. Die Oliven einrühren und ca. 5 Minuten kochen, bis die Karotten weich sind. Heiß servieren.

Karotten in Sahne

Carote alla Panna

Ergibt 4 Portionen

Karotten werden so oft roh gegessen, dass wir vergessen, wie gut sie gekocht sein können. In diesem Rezept ergänzt Sahne ihren süßen Geschmack.

8 mittelgroße Karotten

2 Esslöffel ungesalzene Butter

Salz

½ Tasse Sahne

Prise geriebene Muskatnuss

1. Die Karotten schälen. Schneiden Sie sie in 1/4 Zoll dicke Scheiben.

2. In einem mittelgroßen Topf bei mittlerer Hitze die Butter schmelzen. Fügen Sie die Karotten und Salz hinzu, um zu schmecken. Abdecken und unter gelegentlichem Rühren etwa 5 Minuten kochen, bis die Karotten weich sind.

3. Sahne und Muskatnuss unterrühren. Weitere 4 bis 5 Minuten kochen, bis die Sahne eingedickt und die Karotten zart sind. Sofort servieren.

Süß-saure Karotten

Carote in Agrodolce

Ergibt 4 Portionen

Ich serviere diese Karotten gerne zu Schweinebraten oder Hühnchen. Wenn Sie etwas Petersilie, Minze oder Basilikum zur Hand haben, hacken Sie das Kraut und vermengen Sie es kurz vor dem Servieren mit den Karotten.

8 mittelgroße Karotten

1 Esslöffel ungesalzene Butter

3 Esslöffel Weißweinessig

2 Esslöffel Zucker

Salz

1. Die Karotten schälen. Schneiden Sie sie in 1/4 Zoll dicke Scheiben.

2. In einem mittelgroßen Topf die Butter bei mittlerer Hitze schmelzen. Essig und Zucker hinzufügen und rühren, bis sich der Zucker aufgelöst hat. Möhren und Salz nach Geschmack

unterrühren. Den Topf abdecken und ca. 5 Minuten kochen, bis die Karotten weich sind.

3. Decken Sie die Pfanne ab und kochen Sie die Karotten unter häufigem Rühren noch etwa 5 Minuten lang, bis sie weich sind. Zum Würzen abschmecken. Heiß oder bei Zimmertemperatur servieren.

Marinierte Aubergine mit Knoblauch und Minze

Melanzane-Marinat

Ergibt 4 bis 6 Portionen

Dies eignet sich hervorragend als Beilage zu gegrilltem Hähnchen oder als Teil eines Antipasti-Sortiments. Auch Zucchini und Karotten lassen sich auf diese Weise zubereiten.

2 mittelgroße Auberginen (je etwa 1 Pfund)

Salz

Olivenöl

3 Esslöffel Rotweinessig

2 Knoblauchzehen, fein gehackt

¼ Tasse gehackte frische Minze

Frisch gemahlener schwarzer Pfeffer

1. Schneiden Sie die Ober- und Unterseite der Auberginen ab. Schneiden Sie die Auberginen quer in 1/2 Zoll dicke Scheiben. Ordnen Sie die Scheiben in einem Sieb an und bestreuen Sie jede Schicht mit Salz. Legen Sie die Aubergine auf einen Teller und

lassen Sie sie mindestens 30 Minuten lang abtropfen. Spülen Sie das Salz mit kaltem Wasser ab und trocknen Sie die Scheiben mit Papiertüchern.

2. Heizen Sie den Ofen auf 450 °F vor. Bestreichen Sie die Auberginenscheiben mit dem Öl und legen Sie sie mit der geölten Seite nach unten in einer Schicht auf Backbleche. Die Oberseiten mit Öl bestreichen. Die Scheiben 10 Minuten backen. Wenden und weitere 10 Minuten backen, bis es braun und zart ist.

3. In einem flachen Plastikbehälter mit dicht schließendem Deckel eine Schicht Auberginenscheiben anrichten und diese leicht überlappen. Mit Essig, Knoblauch, Minze und Pfeffer bestreuen. Wiederholen Sie den Schichtaufbau, bis alle Zutaten verbraucht sind.

4. Vor dem Servieren abdecken und mindestens 24 Stunden im Kühlschrank lagern. Diese sind mehrere Tage haltbar.

Gegrillte Aubergine mit frischer Tomatensalsa

Melanzane alla Griglia con Salsa

Ergibt 4 Portionen

Hier werden Auberginenscheiben gegrillt und anschließend mit einer frischen Tomatensalsa belegt. Mit Burgern, Steaks oder Koteletts servieren. Ich habe Auberginen auf diese Weise in den Abruzzen zubereiten lassen, wo oft frische grüne Chilis verwendet werden. Wenn Sie möchten, können Sie auch zerkleinerten roten Pfeffer aus einem Glas verwenden.

1 mittelgroße Aubergine (ca. 1 Pfund)

Salz

3 Esslöffel Olivenöl

1 mittelreife Tomate

2 Esslöffel gehackte frische glatte Petersilie

1 Esslöffel fein gehacktes frisches Chili (oder nach Geschmack)

1 Teelöffel frischer Zitronensaft

1. Schneiden Sie die Ober- und Unterseite der Auberginen ab. Schneiden Sie die Aubergine quer in 1/2 Zoll dicke Scheiben. Ordnen Sie die Scheiben in einem Sieb an und bestreuen Sie jede Schicht mit Salz. Legen Sie die Aubergine auf einen Teller und lassen Sie sie mindestens 30 Minuten lang abtropfen. Spülen Sie das Salz mit kaltem Wasser ab und trocknen Sie die Scheiben mit Papiertüchern.

2. Stellen Sie einen Barbecue-Grill oder einen Grillrost etwa 5 Zoll von der Wärmequelle entfernt auf. Heizen Sie den Grill oder Grill vor. Bestreichen Sie die Auberginenscheiben auf einer Seite mit Olivenöl und legen Sie sie mit der geölten Seite zur Hitzequelle. Etwa 5 Minuten kochen, bis es leicht gebräunt ist. Die Scheiben wenden und mit Öl bestreichen. Etwa 4 Minuten kochen, bis es braun und zart ist.

3. Die Scheiben leicht überlappend auf einer Platte anrichten.

4. Die Tomate halbieren und Kerne und Saft auspressen. Die Tomate hacken. In einer mittelgroßen Schüssel die Tomate mit Petersilie, Chili, Zitronensaft und Salz nach Geschmack vermischen. Die Tomatenmischung über die Aubergine geben. Bei Zimmertemperatur servieren.

Auberginen-Mozzarella-Sandwiches

Panini di Mozzarella

Ergibt 6 Portionen

Zu diesen „Sandwiches" füge ich manchmal eine gefaltete Scheibe Prosciutto hinzu und serviere sie als Antipasti. Etwas Tomatensoße darüber geben, falls vorhanden, und nach Belieben mit geriebenem Parmigiano bestreuen.

2 mittelgroße Auberginen (je etwa 1 Pfund)

Salz

Olivenöl

Frisch gemahlener schwarzer Pfeffer

1 Esslöffel gehackter frischer Thymian oder glatte Petersilie

8 Unzen frischer Mozzarella, in dünne Scheiben geschnitten

1. Schneiden Sie die Ober- und Unterseite der Auberginen ab. Entfernen Sie mit einem Schäler mit schwenkbarer Klinge der Länge nach Hautstreifen in Abständen von etwa 2,5 cm. Schneiden Sie die Auberginen quer in eine gleichmäßige Anzahl von 1/2 Zoll dicken Scheiben. Ordnen Sie die Scheiben in einem

Sieb an und bestreuen Sie jede Schicht mit Salz. Stellen Sie das Sieb auf einen Teller und lassen Sie es mindestens 30 Minuten lang abtropfen. Spülen Sie das Salz mit kaltem Wasser ab und trocknen Sie die Scheiben mit Papiertüchern.

2. Heizen Sie den Ofen auf 450 °F vor. Bestreichen Sie die Auberginenscheiben mit Olivenöl und legen Sie sie mit der geölten Seite nach unten in einer Schicht auf Backbleche. Bestreichen Sie die Oberseite mit zusätzlichem Öl. Mit Pfeffer und Kräutern bestreuen. 10 Minuten backen. Die Scheiben wenden und weitere 10 Minuten backen, bis sie leicht gebräunt und zart sind.

3. Nehmen Sie die Auberginen aus dem Ofen, lassen Sie den Ofen jedoch eingeschaltet.

4. Die Hälfte der Auberginenscheiben mit Mozzarella belegen. Die restlichen Auberginenscheiben darauflegen. Stellen Sie die Pfannen für 1 Minute oder bis der Käse zu schmelzen beginnt in den Ofen. Heiß servieren.

Aubergine mit Knoblauch und Kräutern

Melanzane al Forno

Ergibt 6 bis 8 Portionen

Ich verwende gerne lange, schlanke japanische Auberginen, wenn ich sie in den Sommermonaten auf meinem Bauernmarkt sehe. Sie eignen sich sehr gut für Sommergerichte, einfach geröstet mit Knoblauch und Kräutern.

3 Esslöffel Olivenöl

8 kleine japanische Auberginen (alle ungefähr gleich groß)

1 Knoblauchzehe, sehr fein gehackt

2 Esslöffel gehacktes frisches Basilikum

Salz und frisch gemahlener schwarzer Pfeffer

1. Stellen Sie einen Rost in die Mitte des Ofens. Heizen Sie den Ofen auf 400 °F vor. Eine große Backform einölen.

2. Schneiden Sie die Stielenden der Auberginen ab und schneiden Sie sie der Länge nach in zwei Hälften. Schneiden Sie mehrere

flache Schlitze in die Schnittflächen. Ordnen Sie die Auberginen mit der Schnittfläche nach oben in der Backform an.

3.In einer kleinen Schüssel Öl, Knoblauch, Basilikum sowie Salz und Pfeffer nach Geschmack vermischen. Die Mischung auf den Auberginen verteilen und etwas in die Schlitze drücken.

4.25 bis 30 Minuten backen oder bis die Auberginen weich sind. Heiß oder bei Zimmertemperatur servieren.

Auberginensticks mit Tomaten nach neapolitanischer Art

Bastoncini di Melanzane

Ergibt 4 Portionen

Im Restaurant Dante und Beatrice in Neapel beginnen die Mahlzeiten mit einer Reihe kleiner Vorspeisen. Kleine Auberginenstangen in frischer Tomaten-Basilikum-Sauce gehören zu den Gerichten, die mein Mann und ich dort genossen haben. Japanische Auberginen sind milder als die große Kugelsorte, für dieses Rezept können jedoch beide Sorten verwendet werden.

6 kleine japanische Auberginen (ca. 1 1/2 Pfund)

Pflanzenöl zum Braten

Salz

2 Knoblauchzehen, geschält und leicht zerdrückt

Prise zerstoßener roter Pfeffer

3 Esslöffel Olivenöl

4 Pflaumentomaten, geschält, entkernt und gehackt

¼ Tasse Basilikumblätter, gestapelt und in dünne Streifen geschnitten

1. Schneiden Sie die Ober- und Unterseite der Auberginen ab und schneiden Sie sie der Länge nach in 6 Spalten. Quer in 3 Stücke schneiden. Tupfen Sie die Stücke mit Papiertüchern trocken.

2. Ein Tablett mit Papiertüchern auslegen. Gießen Sie etwa 1/2 Zoll des Öls in eine mittelgroße Pfanne. Bei mittlerer Hitze erhitzen, bis ein kleines Stück Aubergine brutzelt, wenn man es in die Pfanne gibt. Geben Sie vorsichtig so viele Auberginen hinzu, wie bequem in einer einzigen Schicht in die Pfanne passen. Unter gelegentlichem Rühren ca. 5 Minuten kochen, bis die Ränder leicht gebräunt sind. Die Auberginen mit einem Schaumlöffel oder Schaumlöffel herausnehmen und auf Küchenpapier abtropfen lassen. Wiederholen Sie den Vorgang mit der restlichen Aubergine. Mit Salz bestreuen.

3. In einer großen Pfanne den Knoblauch mit der roten Paprika im Olivenöl anbraten, bis der Knoblauch tiefgolden ist (ca. 4 Minuten). Entfernen Sie den Knoblauch und entsorgen Sie ihn. Fügen Sie die Tomaten hinzu und kochen Sie sie 5 Minuten lang oder bis sie eingedickt sind.

4. Auberginen und Basilikum einrühren und weitere 2 Minuten kochen lassen. Mit Salz abschmecken. Heiß oder bei Zimmertemperatur servieren

Mit Prosciutto und Käse gefüllte Auberginen

Melanzane Ripiene

Ergibt 6 Portionen

Cousins, Onkel und Tanten kamen aus der ganzen Region, als mein Mann Charles und ich zum ersten Mal seine Verwandten besuchten, die in der Nähe des berühmten Tals der Tempel in Agrigento auf Sizilien leben. Jede Familieneinheit wollte, dass wir ihr Zuhause besuchen, etwas essen und über Nacht bleiben. Wir wollten Zeit mit allen verbringen, aber wir wollten auch einige der lokalen historischen Stätten sehen, von denen wir schon immer so viel gehört hatten, und wir hatten nur ein paar Tage Zeit. Glücklicherweise übernahm Angela, die Cousine meines Mannes, die Leitung und sorgte dafür, dass wir gut versorgt waren. Als ich ihr erzählte, dass ich mich für die lokale Küche interessiere, brachte sie mir bei, wie man dieses köstliche Auberginengericht zubereitet.

6 kleine Auberginen (ca. 1 1/2 Pfund)

Salz

1/4 Tasse Olivenöl

1 mittelgroße Zwiebel, gehackt

1 mittelgroße Tomate

2 Eier, geschlagen

½ Tasse geriebener Caciocavallo, Provolone oder Parmigiano-Reggiano

¼ Tasse fein gehacktes frisches Basilikum

2 Unzen importierter italienischer Prosciutto, fein gehackt

½ Tasse plus 1 Esslöffel geschmacksneutrale Semmelbrösel

Salz und frisch gemahlener schwarzer Pfeffer

1. Schneiden Sie die Spitzen der Auberginen ab und schneiden Sie sie der Länge nach in zwei Hälften. Mit einem kleinen scharfen Messer und einem Löffel das Fruchtfleisch der Auberginen herauslöffeln, so dass die Schalen etwa 1/4 Zoll dick bleiben. Das Auberginenmark hacken.

2. Die gehackten Auberginen in ein Sieb geben. Großzügig mit Salz bestreuen und mindestens 30 Minuten auf einem Teller abtropfen lassen. Bestreuen Sie die Auberginenschalen mit Salz und legen Sie sie mit der Schnittfläche nach unten zum Abtropfen auf einen Teller.

3.Spülen Sie das Salz mit kaltem Wasser ab und trocknen Sie die Aubergine mit Papiertüchern. Drücken Sie das Fruchtfleisch aus, um das Wasser zu extrahieren.

4.In einer mittelgroßen Pfanne das Öl bei mittlerer Hitze erhitzen. Fügen Sie die Zwiebel und die gehackten Auberginen hinzu und kochen Sie sie unter häufigem Rühren etwa 15 Minuten lang, bis sie weich sind. Die Mischung in eine Schüssel geben.

5.Die Tomate halbieren und Kerne und Saft auspressen. Die Tomate hacken und in die Schüssel geben. Eier, Käse, Basilikum, Prosciutto, 1/2 Tasse Semmelbrösel sowie Salz und Pfeffer nach Geschmack unterrühren. Gut mischen.

6.Stellen Sie einen Rost in die Mitte des Ofens. Heizen Sie den Ofen auf 400 °F vor. Ölen Sie eine Backform, die gerade groß genug ist, um die Auberginenschalen in einer einzigen Schicht aufzunehmen.

7.Füllen Sie die Schalen mit der Auberginenmischung und runden Sie die Oberfläche ab. Legen Sie sie in die Pfanne. Mit 1 Esslöffel Semmelbröseln bestreuen. Gießen Sie 1/4 Tasse Wasser rund um die Auberginen. 45 bis 50 Minuten backen oder bis die Schalen beim Anstechen weich sind. Heiß oder bei Zimmertemperatur servieren.

Mit Sardellen, Kapern und Oliven gefüllte Auberginen

Melanzane Ripiene

Ergibt 4 Portionen

Der sizilianischen Art, Auberginen zuzubereiten, scheint es keine Grenzen zu geben. Dieses vereint die klassischen Aromen von Sardellen, Oliven und Kapern.

2 mittelgroße Auberginen (je etwa 1 Pfund)

Salz

¼ Tasse plus 1 Esslöffel Olivenöl

1 große Knoblauchzehe, fein gehackt

2 mittelgroße Tomaten, geschält, entkernt und gehackt

6 Sardellenfilets

½ Tasse gehackte Gaeta-Oliven oder andere milde schwarze Oliven

2 Esslöffel Kapern, abgespült und abgetropft

½ Teelöffel getrockneter Oregano

⅓ Tasse einfache, trockene Semmelbrösel

1. Schneiden Sie die Spitzen der Auberginen ab. Die Auberginen der Länge nach halbieren. Mit einem kleinen scharfen Messer und einem Löffel das Auberginenmark herauslöffeln, so dass eine etwa 1/2 Zoll dicke Schale übrig bleibt. Das Fruchtfleisch grob hacken und in ein Sieb geben. Großzügig mit Salz bestreuen und zum Abtropfen auf einen Teller stellen. Bestreuen Sie die Innenseiten der Auberginenschalen mit Salz und legen Sie sie kopfüber auf Papiertücher. 30 Minuten abtropfen lassen.

2. Spülen Sie das Salz mit kaltem Wasser ab und trocknen Sie die Aubergine mit Papiertüchern. Drücken Sie das Fruchtfleisch aus, um das Wasser zu extrahieren.

3. Erhitzen Sie das Öl in einer großen Pfanne bei mittlerer bis hoher Hitze, bis ein kleines Stück Aubergine brutzelt, wenn Sie es in die Pfanne geben. Fügen Sie das Auberginenmark hinzu und kochen Sie es unter häufigem Rühren 15 bis 20 Minuten lang, bis es anfängt zu bräunen. Den Knoblauch einrühren und 1 Minute kochen lassen. Tomaten, Sardellen, Oliven, Kapern, Oregano sowie Salz und Pfeffer nach Geschmack hinzufügen. Etwa weitere 5 Minuten kochen, bis es eingedickt ist.

4. Stellen Sie einen Rost in die Mitte des Ofens. Heizen Sie den Ofen auf 400 °F vor. Ölen Sie eine Backform, die gerade groß genug ist, um die Auberginenschalen in einer einzigen Schicht aufzunehmen.

5. Füllen Sie die Schalen mit der Auberginenmischung. Legen Sie sie in die Pfanne. Die Semmelbrösel mit dem restlichen Öl vermengen und über die Schalen streuen. 45 Minuten backen oder bis die Schalen beim Anstechen weich sind. Etwas abkühlen lassen. Warm oder bei Zimmertemperatur servieren.

Aubergine mit Essig und Kräutern

Melanzane alle Erbe

Ergibt 6 bis 8 Portionen

Planen Sie die Zubereitung mindestens eine Stunde vor dem Servieren ein. Wenn Sie es einwirken lassen, kann der Essig milder werden. Ich serviere dazu gerne gegrillten Thunfisch oder Schwertfisch als Teil eines Sommergrills.

2 mittelgroße Auberginen (jeweils ca. 4,5 kg), in 2,5 cm große Stücke schneiden

Salz

½ Tasse Olivenöl

½ Tasse Rotweinessig

¼ Tasse Zucker

2 Esslöffel gehackte frische glatte Petersilie

2 Esslöffel gehackte frische Minze

1. Schneiden Sie die Ober- und Unterseite der Auberginen ab. Schneiden Sie die Auberginen in 1-Zoll-Stücke. Legen Sie die

Stücke in ein Sieb und bestreuen Sie jede Schicht mit Salz. Stellen Sie das Sieb auf einen Teller und lassen Sie es mindestens 30 Minuten lang abtropfen. Spülen Sie das Salz mit kaltem Wasser ab und tupfen Sie die Stücke mit Papiertüchern trocken.

2. Ein Tablett mit Papiertüchern auslegen. 1/4 Tasse Öl in einer großen Pfanne bei mittlerer Hitze erhitzen. Fügen Sie die Hälfte der Auberginenstücke hinzu und kochen Sie sie unter häufigem Rühren etwa 15 Minuten lang, bis sie braun sind. Geben Sie die Aubergine mit einem Schaumlöffel zum Abtropfen auf die Papiertücher. Geben Sie das restliche Öl in die Pfanne und braten Sie die restlichen Auberginen auf die gleiche Weise an.

3. Nehmen Sie die Pfanne vom Herd und gießen Sie das restliche Öl vorsichtig ab. Wischen Sie die Pfanne vorsichtig mit Papiertüchern aus.

4. Stellen Sie die Pfanne auf mittlere Hitze und geben Sie Essig und Zucker hinzu. Rühren, bis sich der Zucker aufgelöst hat. Geben Sie die gesamte Aubergine wieder in die Pfanne und kochen Sie sie unter Rühren etwa 5 Minuten lang, bis die Flüssigkeit aufgesogen ist.

5. Die Aubergine auf eine Servierplatte geben und mit Petersilie und Minze bestreuen. Abkühlen lassen. Bei Zimmertemperatur servieren.

Gebratene Auberginenkoteletts

Melanzane Fritte

Ergibt 4 bis 6 Portionen

Die einzige Schwierigkeit bei diesen Schnitzeln besteht darin, dass man kaum mit dem Verzehr aufhören kann. Sie schmecken heiß und frisch zubereitet so gut. Servieren Sie sie in Sandwiches oder als Beilage.

1 mittelgroße Aubergine (ca. 1 Pfund)

Salz

2 große Eier

¼ Tasse frisch geriebener Parmigiano-Reggiano

Frisch gemahlener schwarzer Pfeffer

½ Tasse Allzweckmehl

1½ Tassen einfache, trockene Semmelbrösel

Pflanzenöl zum Braten

1. Schneiden Sie die Ober- und Unterseite der Auberginen ab. Schneiden Sie die Aubergine quer in 1/4 Zoll dicke Scheiben. Ordnen Sie die Scheiben in einem Sieb an und bestreuen Sie jede Schicht mit Salz. Stellen Sie das Sieb auf einen Teller und lassen Sie es mindestens 30 Minuten lang abtropfen. Spülen Sie das Salz mit kaltem Wasser ab und trocknen Sie die Scheiben mit Papiertüchern.

2. Geben Sie das Mehl in eine flache Schüssel. In einer anderen flachen Schüssel Eier, Käse sowie Salz und Pfeffer nach Geschmack verrühren. Tauchen Sie die Auberginenscheiben erst in das Mehl, dann in die Eimischung, dann in die Semmelbrösel und tupfen Sie sie gut ab. Lassen Sie die Scheiben 15 Minuten lang auf einem Gestell trocknen.

3. Ein Tablett mit Papiertüchern auslegen. Schalten Sie den Ofen auf die niedrigste Stufe ein. In einer großen, schweren Pfanne 1/2 Zoll Öl erhitzen, bis ein kleiner Tropfen der Eimischung brutzelt, wenn er das Öl berührt. Fügen Sie gerade so viel Auberginenscheiben hinzu, dass sie in eine einzige Schicht passen, ohne dass es zu einer Überfüllung kommt. Auf einer Seite etwa 3 Minuten goldbraun braten, dann umdrehen und auf der anderen Seite noch etwa 2 bis 3 Minuten bräunen. Die Auberginenscheiben auf Küchenpapier abtropfen lassen. Halten

Sie sie in einem niedrigen Ofen warm, während Sie den Rest auf die gleiche Weise braten. Heiß servieren.

Aubergine mit würziger Tomatensauce

Melanzane in Salsa

Ergibt 6 bis 8 Portionen

Dieses Schichtgericht ähnelt Auberginen-Parmigiana – ohne Parmigiano. Da es keinen Käse enthält, ist es leichter und frischer – ideal für Sommergerichte.

2 mittelgroße Auberginen (je etwa 1 Pfund)

Salz

Olivenöl

2 Knoblauchzehen, zerdrückt

2 Tassen Tomatenpüree

½ Teelöffel zerstoßener roter Pfeffer

½ Tasse zerrissene frische Basilikumblätter

1. Schneiden Sie die Ober- und Unterseite der Auberginen ab. Schneiden Sie die Auberginen quer in 1/2 Zoll dicke Scheiben. Ordnen Sie die Scheiben in einem Sieb an und bestreuen Sie jede Schicht mit Salz. Stellen Sie das Sieb auf einen Teller und lassen

Sie es mindestens 30 Minuten lang abtropfen. Spülen Sie das Salz mit kaltem Wasser ab und trocknen Sie die Scheiben mit Papiertüchern.

2. Stellen Sie einen Rost in die Mitte des Ofens. Heizen Sie den Ofen auf 450 °F vor. Zwei große Jelly-Roll-Pfannen mit Öl bestreichen. Ordnen Sie die Auberginenscheiben in einer einzigen Schicht an. Mit Öl bestreichen. Etwa 10 Minuten backen, bis es leicht gebräunt ist. Drehen Sie die Scheiben mit einem Metallspatel um und backen Sie sie noch etwa 10 Minuten lang, bis die zweite Seite gebräunt ist und die Scheiben beim Durchstechen zart sind.

3. In einem mittelgroßen Topf den Knoblauch in 1/4 Tasse Olivenöl bei mittlerer Hitze etwa 2 Minuten lang goldbraun kochen. Tomatenpüree, rote Paprika und Salz nach Geschmack hinzufügen. 15 Minuten köcheln lassen oder bis es dickflüssig ist. Den Knoblauch wegwerfen.

4. In einer flachen Schüssel die Hälfte der Aubergine in einer einzigen Schicht anrichten. Mit der Hälfte der Soße und Basilikum bestreichen. Mit den restlichen Zutaten wiederholen. Bei Zimmertemperatur servieren.

Auberginen Parmigiana

Melanzane alla Parmigiana

Ergibt 6 bis 8 Portionen

Dies ist eines dieser Gerichte, von denen ich nie müde werde. Wenn Sie die Aubergine lieber nicht braten möchten, versuchen Sie es mit gegrillten oder gebackenen Scheiben.

2 1/2 Tassen Marinara-Sauce oder eine andere einfache Tomatensauce

2 mittelgroße Auberginen (je etwa 1 Pfund)

Salz

Olivenöl oder Pflanzenöl zum Braten

8 Unzen frischer Mozzarella, in Scheiben geschnitten

1/2 Tasse frisch geriebener Parmigiano-Reggiano oder Pecorino Romano

1. Bereiten Sie ggf. die Soße vor. Schneiden Sie dann die Ober- und Unterseite der Auberginen ab. Schneiden Sie die Auberginen quer in 1/2 Zoll dicke Scheiben. Ordnen Sie die Scheiben in einem Sieb an und bestreuen Sie jede Schicht mit Salz. Stellen Sie das Sieb auf einen Teller und lassen Sie es mindestens 30

Minuten lang abtropfen. Spülen Sie das Salz mit kaltem Wasser ab und trocknen Sie die Scheiben mit Papiertüchern.

2. Ein Tablett mit Papiertüchern auslegen. Etwa 1/2 Zoll des Öls in einer großen Pfanne bei mittlerer Hitze erhitzen, bis ein kleines Stück Aubergine brutzelt, wenn man es in die Pfanne gibt. Fügen Sie gerade so viel Auberginenscheiben hinzu, dass sie in eine einzige Schicht passen, ohne dass es zu einer Überfüllung kommt. Auf einer Seite etwa 3 Minuten goldbraun braten, dann umdrehen und auf der anderen Seite noch etwa 2 bis 3 Minuten bräunen. Lassen Sie die Scheiben auf den Papiertüchern abtropfen. Die restlichen Auberginenscheiben auf die gleiche Weise kochen.

3. Stellen Sie einen Rost in die Mitte des Ofens. Heizen Sie den Ofen auf 350 °F vor. Verteilen Sie eine dünne Schicht Tomatensauce in einer 13 × 9 × 2 Zoll großen Auflaufform. Machen Sie eine Schicht Auberginenscheiben und überlappen Sie diese leicht. Mit einer Schicht Mozzarella, einer weiteren Schicht Soße und einer Prise geriebenem Käse belegen. Den Schichtaufbau wiederholen und mit Auberginen, Soße und geriebenem Käse abschließen.

4. 45 Minuten backen, oder bis die Soße Blasen bildet. Vor dem Servieren 10 Minuten stehen lassen.

Gerösteter Fenchel

Finocchio al Forno

Ergibt 4 Portionen

Als ich aufwuchs, haben wir nie gekochten Fenchel gegessen. Es wurde immer roh serviert und verlieh Salaten eine erfrischende Knusprigkeit oder wurde nach einer Mahlzeit, insbesondere bei großen Feiertagsfesten, in Spalten serviert. Aber das Backen bändigt einen Teil des Geschmacks und verändert die Textur, sodass es weich und zart wird.

2 mittelgroße Fenchelknollen (ca. 1 Pfund)

¼ Tasse Olivenöl

Salz

1. Stellen Sie einen Rost in die Mitte des Ofens. Heizen Sie den Ofen auf 425 °F vor. Schneiden Sie die grünen Stängel des Fenchels bis zur rundlichen Knolle ab. Entfernen Sie eventuelle Druckstellen mit einem kleinen Messer oder einem Gemüseschäler. Vom Wurzelende eine dünne Schicht abschneiden. Den Fenchel der Länge nach halbieren. Schneiden Sie jede Hälfte der Länge nach in 1/2 Zoll dicke Scheiben.

2. Gießen Sie das Öl in eine 13 × 9 × 2 Zoll große Backform. Fügen Sie die Fenchelscheiben hinzu und wenden Sie sie, bis sie mit Öl bedeckt sind. Ordnen Sie die Scheiben in einer einzigen Schicht an. Mit Salz bestreuen.

3. Decken Sie die Pfanne mit Folie ab. 20 Minuten backen. Den Deckel aufdecken und weitere 15 bis 20 Minuten backen oder bis der Fenchel weich ist, wenn man ihn mit einem Messer einsticht. Heiß oder bei Zimmertemperatur servieren.

Fenchel mit Parmesankäse

Finocchio alla Parmigiano

Ergibt 6 Portionen

Dieser Fenchel wird zuerst in Wasser gekocht, um ihn besonders zart zu machen. Dann wird es mit geriebenem Parmigiano belegt und gebacken. Dazu servieren Sie Kalbs- oder Schweinebraten.

2 kleine Fenchelknollen (ca. 1 Pfund)

Salz

2 Esslöffel ungesalzene Butter

Frisch gemahlener schwarzer Pfeffer

¼ Tasse geriebener Parmigiano-Reggiano

1. Stellen Sie einen Rost in die Mitte des Ofens. Heizen Sie den Ofen auf 450 °F vor. Eine 13 × 9 × 2 Zoll große Auflaufform großzügig mit Butter bestreichen.

2. Schneiden Sie die grünen Stängel des Fenchels bis zur rundlichen Knolle ab. Entfernen Sie eventuelle Druckstellen mit einem kleinen Messer oder einem Gemüseschäler. Vom

Wurzelende eine dünne Schicht abschneiden. Schneiden Sie die Zwiebeln der Länge nach durch das Kerngehäuse in 1/4 Zoll dicke Scheiben.

3.In einem großen Topf 2 Liter Wasser zum Kochen bringen. Den Fenchel und 1 Teelöffel Salz hinzufügen. Die Hitze reduzieren und ohne Deckel 8 bis 10 Minuten köcheln lassen, bis der Fenchel knusprig und zart ist. Gut abtropfen lassen und trocken tupfen.

4.Die Fenchelscheiben in einer einzigen Schicht in der Auflaufform anordnen. Mit der Butter beträufeln und mit Salz und Pfeffer abschmecken. Mit dem Käse belegen. 10 Minuten backen oder bis der Käse leicht gebräunt ist. Heiß oder bei Zimmertemperatur servieren.

Fenchel mit Sardellensauce

Finocchio mit Salsa von Acciughe

Ergibt 4 Portionen

Anstatt den Fenchel durch Kochen zart zu machen, decken Sie ihn in diesem Rezept ab und backen ihn, sodass er in seinem eigenen Saft dämpfen kann. Der Geschmack bleibt erhalten und der Fenchel wird leicht knackig und dennoch zart. Wenn Sie den Fenchel weicher bevorzugen, kochen Sie ihn wie im Rezept für Fenchel mit Parmesankäse.

Weil der so zubereitete Fenchel so lecker ist, serviere ich ihn gerne zu schlicht gegrillten Hähnchen- oder Schweinekoteletts. Auch bei Zimmertemperatur ergibt es ein gutes Antipasti-Gericht.

2 mittelgroße Fenchelknollen (ca. ein Pfund)

4 Sardellenfilets, abgetropft und gehackt

2 Esslöffel gehackte frische glatte Petersilie

2 Esslöffel Kapern, abgespült und abgetropft

Frisch gemahlener schwarzer Pfeffer

Salz (optional)

¼ Tasse Olivenöl

1. Stellen Sie einen Rost in die Mitte des Ofens. Heizen Sie den Ofen auf 375 °F vor. Eine 13 × 9 × 2 Zoll große Auflaufform einölen.

2. Schneiden Sie die grünen Stängel des Fenchels bis zur rundlichen Knolle ab. Entfernen Sie eventuelle Druckstellen mit einem kleinen Messer oder einem Gemüseschäler. Vom Wurzelende eine dünne Schicht abschneiden. Schneiden Sie die Zwiebeln der Länge nach durch das Kerngehäuse in 1/4 Zoll dicke Scheiben.

3. Den Fenchel in einer Schicht in der Pfanne anrichten, dabei die Scheiben leicht überlappen lassen. Sardellen, Petersilie, Kapern und Pfeffer darüber streuen. Bei Bedarf Salz hinzufügen. Mit dem Öl beträufeln.

4. Decken Sie die Pfanne mit Aluminiumfolie ab. 40 Minuten backen oder bis der Fenchel weich ist. Entfernen Sie vorsichtig die Folie und backen Sie weitere 5 Minuten oder bis der Fenchel beim Anstechen gerade zart, aber nicht weich ist. Vor dem Servieren etwas abkühlen lassen.

Grüne Bohnen mit Petersilie und Knoblauch

Fagiolini al Aglio

Ergibt 4 Portionen

Frische Petersilie ist in der italienischen Küche unverzichtbar. Ich habe immer einen Haufen in meinem Kühlschrank. Wenn ich es aus dem Laden nach Hause bringe, schneide ich die Enden ab und stecke die Stiele in ein Gefäß mit Wasser. Mit einer Plastiktüte abgedeckt bleibt Petersilie im Kühlschrank mindestens eine Woche frisch, besonders wenn ich beim Wasserwechsel im Glas vorsichtig bin. Waschen Sie die Petersilie vor der Verwendung, um grobe Partikel zu entfernen, und schneiden Sie die Blätter von den Stielen ab. Die Petersilie mit einem großen Kochmesser auf einem Brett hacken oder, wenn Sie möchten, einfach in Stücke reißen. Frisch gehackte Petersilie verleiht vielen Lebensmitteln Farbe und Frische.

Als Abwechslung können Sie diese Bohnen vor dem Servieren noch einmal in der Pfanne mit etwas abgeriebener Zitronenschale anbraten.

1 Pfund grüne Bohnen

Salz

3 Esslöffel Olivenöl

1 Knoblauchzehe, fein gehackt

2 Esslöffel gehackte frische glatte Petersilie

Frisch gemahlener schwarzer Pfeffer

1. Schneiden Sie die Stielenden der grünen Bohnen ab. In einem großen Topf etwa 2 Liter Wasser zum Kochen bringen. Fügen Sie die Bohnen und Salz hinzu, um zu schmecken. Ohne Deckel 4 bis 5 Minuten kochen, bis die Bohnen knusprig und zart sind.

2. Die Bohnen abgießen und trocken tupfen. (Wenn Sie sie nicht sofort verwenden, kühlen Sie sie unter fließendem kaltem Wasser ab. Wickeln Sie die Bohnen in ein Küchentuch und lassen Sie sie bis zu 3 Stunden bei Raumtemperatur stehen.)

3. Kurz vor dem Servieren das Öl mit Knoblauch und Petersilie in einer großen Pfanne bei mittlerer Hitze erhitzen. Fügen Sie die Bohnen und eine Prise Pfeffer hinzu. 2 Minuten vorsichtig schwenken, bis es gerade heiß ist. Heiß servieren.

Grüne Bohnen mit Haselnüssen

Fagiolini al Nocciole

Ergibt 4 Portionen

Wenn Sie möchten, passen zu diesen Bohnen auch Walnüsse und Mandeln.

1 Pfund grüne Bohnen

Salz

3 Esslöffel ungesalzene Butter

1/3 Tasse gehackte Haselnüsse

1. Schneiden Sie die Stielenden der grünen Bohnen ab. In einem großen Topf etwa 2 Liter Wasser zum Kochen bringen. Fügen Sie die Bohnen und Salz hinzu, um zu schmecken. Ohne Deckel 4 bis 5 Minuten kochen, bis die Bohnen knusprig und zart sind.

2. Die Bohnen gut abtropfen lassen und trocken tupfen. (Wenn Sie sie nicht sofort verwenden, kühlen Sie sie unter fließendem kaltem Wasser ab. Wickeln Sie die Bohnen in ein Küchentuch und lassen Sie sie bis zu 3 Stunden bei Raumtemperatur stehen.)

3. Kurz vor dem Servieren die Butter in einer großen Pfanne erhitzen. Die Haselnüsse hinzufügen und unter häufigem Rühren kochen, bis die Nüsse leicht geröstet und die Butter leicht gebräunt ist (ca. 3 Minuten).

4. Die Bohnen und eine Prise Salz hinzufügen. Unter häufigem Rühren 2 bis 3 Minuten kochen, bis es erhitzt ist. Sofort servieren.

Grüne Bohnen mit grüner Soße

Fagiolini al Pesto

Ergibt 4 Portionen

Fügen Sie diesen grünen Bohnen nach Belieben einige gekochte neue Kartoffeln hinzu. Servieren Sie sie mit gegrillten Lachssteaks oder Thunfisch.

1/4 Tasse Grüne Soße

1 Pfund grüne Bohnen

Salz

1. Bereiten Sie bei Bedarf die Grüne Soße vor. Dann die Stielenden der grünen Bohnen abschneiden. In einem großen Topf etwa 2 Liter Wasser zum Kochen bringen. Fügen Sie die Bohnen und Salz hinzu, um zu schmecken. Ohne Deckel 5 bis 6 Minuten kochen, bis die Bohnen weich sind.

2. Die Bohnen gut abtropfen lassen und trocken tupfen. Mit der Soße vermengen. Warm oder bei Zimmertemperatur servieren.

Grüner Bohnensalat

Fagiolini in Insalata

Ergibt 6 Portionen

Sardellen und frische Kräuter verleihen diesem grünen Bohnensalat das gewisse Etwas. Wenn Sie möchten, fügen Sie einige Streifen gerösteter roter Paprika hinzu.

1 1/2 Pfund grüne Bohnen

4 Sardellenfilets

2 Knoblauchzehen, fein gehackt

2 Esslöffel gehackte frische glatte Petersilie

1 Esslöffel gehackte frische Minze

1/4 Tasse Olivenöl

2 Esslöffel Rotweinessig

Salz und frisch gemahlener schwarzer Pfeffer

1. Schneiden Sie die Stielenden der grünen Bohnen ab. In einem großen Topf etwa 2 Liter Wasser zum Kochen bringen. Fügen Sie

die Bohnen und Salz hinzu, um zu schmecken. Ohne Deckel 5 bis 6 Minuten kochen, bis die Bohnen weich sind.

2. Die Bohnen unter kaltem Wasser abspülen und gut abtropfen lassen. Trocken tupfen.

3. In einer mittelgroßen Schüssel Sardellen, Knoblauch, Petersilie, Minze sowie Salz und Pfeffer nach Geschmack vermischen. Öl und Essig unterrühren.

4. Die grünen Bohnen mit dem Dressing vermischen und servieren.

Grüne Bohnen in Tomaten-Basilikum-Sauce

Fagiolini in Salsa di Pomodoro

Ergibt 6 Portionen

Dazu passen Grillwürste oder Rippchen.

1 1/2 Pfund grüne Bohnen

Salz

2 Esslöffel ungesalzene Butter

1 kleine Zwiebel, fein gehackt

2 Tassen geschälte, entkernte und gehackte frische Tomaten

Frisch gemahlener schwarzer Pfeffer

6 frische Basilikumblätter, in Stücke gerissen

1. Schneiden Sie die Stielenden der grünen Bohnen ab. In einem großen Topf etwa 2 Liter Wasser zum Kochen bringen. Fügen Sie die Bohnen und Salz hinzu, um zu schmecken. Ohne Deckel 4 bis 5 Minuten kochen, bis die Bohnen knusprig und zart sind. Die Bohnen unter kaltem Wasser abspülen und gut abtropfen lassen. Trocken tupfen.

2. In einem mittelgroßen Topf die Butter bei mittlerer Hitze schmelzen. Fügen Sie die Zwiebel hinzu und kochen Sie sie unter häufigem Rühren etwa 10 Minuten lang goldbraun. Fügen Sie die Tomaten sowie Salz und Pfeffer hinzu und schmecken Sie ab. Zum Kochen bringen und 10 Minuten kochen lassen.

3. Grüne Bohnen und Basilikum unterrühren. Etwa weitere 5 Minuten kochen lassen, bis alles durchgeheizt ist.

Grüne Bohnen mit Pancetta und Zwiebeln

Fagiolini alla Pancetta

Ergibt 6 Portionen

Grüne Bohnen sind aromatischer und haben eine bessere Konsistenz, wenn sie weich gekocht werden. Die genaue Garzeit hängt von der Größe, Frische und Reife der Bohnen ab. Normalerweise probiere ich ein oder zwei, um sicherzugehen. Ich mag sie, wenn sie nicht mehr knacken, aber auch nicht weich oder matschig sind. Dieses Rezept stammt aus Friaul-Julisch Venetien.

1 Pfund grüne Bohnen

Salz

½ Tasse gehackter Pancetta (ca. 2 Unzen)

1 kleine Zwiebel, gehackt

2 Knoblauchzehen, fein gehackt

2 Esslöffel gehackte frische glatte Petersilie

2 frische Salbeiblätter

2 Esslöffel Olivenöl

1. Schneiden Sie die Stielenden der grünen Bohnen ab. In einem großen Topf etwa 2 Liter Wasser zum Kochen bringen. Fügen Sie die Bohnen und Salz hinzu, um zu schmecken. Ohne Deckel 4 bis 5 Minuten kochen, bis die Bohnen knusprig und zart sind. Die Bohnen unter kaltem Wasser abspülen und gut abtropfen lassen. Trocken tupfen. Die Bohnen in mundgerechte Stücke schneiden.

2. In einer großen Pfanne Pancetta, Zwiebel, Knoblauch, Petersilie und Salbei im Öl bei mittlerer Hitze etwa 10 Minuten anbraten, bis die Zwiebel goldbraun ist. Die grünen Bohnen und eine Prise Salz hinzufügen. Etwa weitere 5 Minuten kochen lassen, bis alles durchgeheizt ist. Heiß servieren.

Grüne Bohnen mit Tomaten-Pancetta-Sauce

Fagiolini mit Salsa di Pomodori und Pancetta

Ergibt 4 Portionen

Diese Bohnen eignen sich hervorragend als Mahlzeit zu einer Frittata oder einem Omelett.

1 Pfund grüne Bohnen

Salz

¼ Tasse gehackter Pancetta (ca. 1 Unze)

1 Knoblauchzehe, fein gehackt

2 Esslöffel Olivenöl

2 große reife Tomaten, geschält, entkernt und gehackt

2 Zweige frischer Rosmarin

Frisch gemahlener schwarzer Pfeffer

1. Bereiten Sie die Bohnen wie in Schritt 1 beschrieben vorGrüne Bohnen mit Pancetta und ZwiebelnRezept beachten, aber nicht in Stücke schneiden.

2. In einem mittelgroßen Topf den Pancetta und den Knoblauch im Öl bei mittlerer Hitze etwa 5 Minuten lang goldbraun braten. Tomaten, Rosmarin sowie Salz und Pfeffer nach Geschmack unterrühren. Zum Kochen bringen und 10 Minuten kochen lassen.

3. Die Bohnen in die Soße einrühren und ca. 5 Minuten kochen lassen, bis sie durchgewärmt sind. Rosmarin entfernen. Heiß servieren.

Grüne Bohnen mit Parmigiano

Fagiolini alla Parmigiana

Ergibt 4 Portionen

Zitronenschale, Muskatnuss und Käse würzen diese grünen Bohnen. Für beste Ergebnisse verwenden Sie frische Zutaten.

1 Pfund grüne Bohnen, geputzt

2 Esslöffel Butter

1 kleine Zwiebel, gehackt

½ Teelöffel abgeriebene frische Zitronenschale

Eine Prise frisch gemahlene Muskatnuss

Salz und frisch gemahlener schwarzer Pfeffer

¼ Tasse frisch geriebener Parmigiano-Reggiano

1. Schneiden Sie die Stielenden der grünen Bohnen ab. In einem großen Topf etwa 2 Liter Wasser zum Kochen bringen. Fügen Sie die Bohnen und Salz hinzu, um zu schmecken. Ohne Deckel 4 bis 5 Minuten kochen, bis die Bohnen knusprig und zart sind. Die

Bohnen unter kaltem Wasser abspülen und gut abtropfen lassen. Trocken tupfen.

2. In einer mittelgroßen Pfanne die Butter bei mittlerer Hitze schmelzen. Fügen Sie die Zwiebel hinzu und kochen Sie sie etwa 10 Minuten lang goldbraun. Bohnen, Zitronenschale, Muskatnuss sowie Salz und Pfeffer nach Geschmack hinzufügen. Mit dem Käse bestreuen und vom Herd nehmen. Den Käse etwas schmelzen lassen und heiß servieren.

Wachsbohnen mit Oliven

Fagiolini Giallo con Olive

Ergibt 4 Portionen

Glänzend schwarze Oliven und grüne Petersilie bieten einen lebendigen Farbkontrast zu hellgelben Wachsbohnen; Auch grüne Bohnen schmecken so zubereitet gut. Um diese Bohnen bei Zimmertemperatur zu servieren, ersetzen Sie die Butter durch Olivenöl, die beim Abkühlen fester wird.

1 Pfund gelbes Wachs oder grüne Bohnen

Salz

3 Esslöffel ungesalzene Butter

1 kleine Zwiebel, gehackt

1 Knoblauchzehe, fein gehackt

½ Tasse milde schwarze Oliven, z. B. Gaeta, entkernt und gehackt

2 Esslöffel gehackte frische glatte Petersilie

1. Schneiden Sie die Stielenden der grünen Bohnen ab. In einem großen Topf etwa 2 Liter Wasser zum Kochen bringen. Fügen Sie

die Bohnen und Salz hinzu, um zu schmecken. Ohne Deckel 4 bis 5 Minuten kochen, bis die Bohnen knusprig und zart sind. Die Bohnen unter kaltem Wasser abspülen und gut abtropfen lassen. Trocken tupfen. Schneiden Sie die Bohnen in 1-Zoll-Stücke.

2. In einer Pfanne, die groß genug ist, um alle Bohnen aufzunehmen, die Butter bei mittlerer Hitze schmelzen. Fügen Sie die Zwiebel und den Knoblauch hinzu und kochen Sie sie etwa 10 Minuten lang, bis sie zart und goldbraun sind.

3. Bohnen, Oliven und Petersilie etwa 2 Minuten lang einrühren, bis alles durchgewärmt ist. Heiß servieren.

Spinat mit Zitrone

Spinaci al Limone

Ergibt 4 Portionen

Ein Schuss gutes Olivenöl und ein paar Tropfen frischer Zitronensaft verstärken den Geschmack von gekochtem Spinat oder anderem Blattgemüse.

2 Pfund frischer Spinat, harte Stiele entfernt

¼ Tasse Wasser

Salz

Natives Olivenöl extra

Zitronenscheiben

1. Den Spinat in mehreren Wechseln mit kaltem Wasser gut waschen. Spinat, Wasser und eine Prise Salz in einen großen Topf geben. Decken Sie den Topf ab und stellen Sie die Hitze auf mittlere Stufe. 5 Minuten kochen lassen oder bis der Spinat zusammengefallen und zart ist. Den Spinat abtropfen lassen und das überschüssige Wasser herausdrücken.

2. Den Spinat in einer Servierschüssel mit Olivenöl abschmecken.

3. Heiß oder bei Zimmertemperatur servieren, garniert mit Zitronenschnitzen.

Spinat oder anderes Gemüse mit Butter und Knoblauch

Verdura al Burro

Ergibt 6 Portionen

Die Sanftheit von Butter und Knoblauch harmoniert besonders gut mit der leichten Bitterkeit von Gemüse wie Spinat oder Mangold.

2 Pfund Spinat, harte Stiele entfernt

¼ Tasse Wasser

Salz

2 Esslöffel ungesalzene Butter

1 Knoblauchzehe, fein gehackt

Frisch gemahlener schwarzer Pfeffer

1. Den Spinat in mehreren Wechseln mit kaltem Wasser gut waschen. Spinat, Wasser und eine Prise Salz in einen großen Topf geben. Decken Sie den Topf ab und stellen Sie die Hitze auf mittlere Stufe. 5 Minuten kochen lassen oder bis der Spinat

zusammengefallen und zart ist. Den Spinat abtropfen lassen und das überschüssige Wasser herausdrücken.

2. In einer mittelgroßen Pfanne die Butter bei mittlerer Hitze schmelzen. Den Knoblauch hinzufügen und ca. 2 Minuten goldbraun braten.

3. Den Spinat sowie Salz und Pfeffer nach Geschmack hinzufügen. Unter gelegentlichem Rühren ca. 2 Minuten kochen lassen, bis alles durchgeheizt ist. Heiß servieren.

Spinat mit Rosinen und Pinienkernen

Spinaci con Uva und Pinoli

Ergibt 4 Portionen

Rosinen und Pinienkerne werden in Süditalien und im gesamten Mittelmeerraum zum Würzen vieler Gerichte verwendet. Auch Mangold- oder Rübengrün lässt sich auf diese Weise zubereiten.

2 Pfund frischer Spinat, harte Stiele entfernt

¼ Tasse Wasser

Salz

2 Esslöffel ungesalzene Butter

Frisch gemahlener schwarzer Pfeffer

2 Esslöffel Rosinen

2 Esslöffel Pinienkerne, geröstet

1. Den Spinat in mehreren Wechseln mit kaltem Wasser gut waschen. Spinat, Wasser und eine Prise Salz in einen großen Topf geben. Decken Sie den Topf ab und stellen Sie die Hitze auf mittlere Stufe. 5 Minuten kochen lassen oder bis der Spinat

zusammengefallen und zart ist. Den Spinat abtropfen lassen und das überschüssige Wasser herausdrücken.

2. Wischen Sie den Topf aus. Die Butter im Topf schmelzen, dann den Spinat und die Rosinen hinzufügen. Ein- oder zweimal umrühren und 5 Minuten kochen, bis die Rosinen prall sind. Mit den Pinienkernen bestreuen und sofort servieren.

Spinat mit Sardellen nach piemontesischer Art

Spinaci alla Piemontesa

Ergibt 6 Portionen

Im Piemont wird dieser herzhafte Spinat oft auf in Butter gebratenen Brotscheiben serviert, er schmeckt aber auch pur. Eine andere Variante besteht darin, den Spinat mit Spiegeleiern oder pochierten Eiern zu belegen.

2 Pfund frischer Spinat, harte Stiele entfernt

1/4 Tasse Wasser

Salz

1/4 Tasse ungesalzene Butter

4 Sardellenfilets

1 Knoblauchzehe, fein gehackt

1. Den Spinat in mehreren Wechseln mit kaltem Wasser gut waschen. Spinat, Wasser und eine Prise Salz in einen großen Topf geben. Decken Sie den Topf ab und stellen Sie die Hitze auf mittlere Stufe. 5 Minuten kochen lassen oder bis der Spinat

zusammengefallen und zart ist. Den Spinat abtropfen lassen und das überschüssige Wasser herausdrücken.

2. Wischen Sie den Topf aus. Die Butter im Topf schmelzen. Sardellen und Knoblauch dazugeben und unter Rühren ca. 2 Minuten kochen, bis sich die Sardellen auflösen. Den Spinat einrühren und unter ständigem Rühren 2 bis 3 Minuten kochen, bis er durchgewärmt ist. Heiß servieren.

Eskariole mit Knoblauch

Scarola al'Aglio

Ergibt 4 Portionen

Escarole ist ein Mitglied der großen und vielfältigen Chicorée-Familie, zu der Endivie, Frisée, Löwenzahn und Radicchio gehören. Eskariol ist in neapolitanischen Küchen sehr beliebt. Kleine Eskariolköpfe werden gefüllt und geschmort, die zarten inneren Blätter werden roh in Salaten verzehrt, und Eskariol wird auch in Suppen gekocht. Variieren Sie dieses Gericht, indem Sie die rote Paprika weglassen und 1/4 Tasse Rosinen hinzufügen.

1 Kopf Eskariole (ca. 1 Pfund)

3 Esslöffel Olivenöl

3 Knoblauchzehen, in dünne Scheiben geschnitten

Prise zerstoßener roter Pfeffer (optional)

Salz

1. Schneiden Sie die Eskariole ab und entsorgen Sie alle beschädigten Blätter. Schneiden Sie die Stielenden ab. Trennen Sie die Blätter und waschen Sie sie gründlich in kaltem Wasser,

insbesondere in der Mitte der Blätter, wo sich Erde ansammelt. Stapeln Sie die Blätter und schneiden Sie sie in mundgerechte Stücke.

2. In einem großen Topf den Knoblauch und gegebenenfalls die rote Paprika im Olivenöl bei mittlerer Hitze kochen, bis der Knoblauch goldbraun ist (ca. 2 Minuten). Nach Belieben die Eskariole und das Salz hinzufügen. Gut umrühren. Decken Sie den Topf ab und kochen Sie es etwa 12 bis 15 Minuten lang, bis die Eskariole weich ist. Heiß servieren.

Löwenzahn mit Kartoffeln

Dente di Leone con Patate

Ergibt 4 Portionen

Das Löwenzahngrün kann durch Grünkohl oder Mangold ersetzt werden – Sie benötigen ein Gemüse, das fest genug ist, um gleichzeitig mit den Kartoffeln gekocht zu werden. Etwas Weinessig verleiht dem Knoblauchgemüse und den Kartoffeln eine besondere Note.

1 Bund Löwenzahngrün (ca. 1 Pfund)

6 kleine festkochende Kartoffeln, geschält und in Scheiben geschnitten

Salz

3 Knoblauchzehen, gehackt

3 Esslöffel Olivenöl

1 Esslöffel Weißweinessig

1. Schneiden Sie den Löwenzahn ab und entsorgen Sie alle beschädigten Blätter. Schneiden Sie die Stielenden ab. Trennen Sie die Blätter und waschen Sie sie gründlich in kaltem Wasser, insbesondere in der Mitte der Blätter, wo sich Erde ansammelt. Schneiden Sie die Blätter quer in mundgerechte Stücke.

2. Etwa 4 Liter Wasser zum Kochen bringen. Fügen Sie die Kartoffelscheiben, den Löwenzahn und das Salz hinzu und schmecken Sie ab. Bringen Sie das Wasser wieder zum Kochen und kochen Sie es etwa 10 Minuten lang, bis das Gemüse weich ist. Gut abtropfen lassen.

3. In einer großen Pfanne den Knoblauch im Öl etwa 2 Minuten lang goldbraun braten. Gemüse, Essig und eine Prise Salz hinzufügen. Unter gutem Rühren ca. 2 Minuten kochen, bis alles durchgeheizt ist. Heiß servieren.

Pilze mit Knoblauch und Petersilie

Pilze Trifolati

Ergibt 4 Portionen

Dies ist wahrscheinlich die beliebteste Art, Pilze in Italien zuzubereiten. Versuchen Sie, für mehr Geschmack einige exotische Pilzsorten hinzuzufügen.

1 (10 bis 12 Unzen) Packung weiße Pilze

¼ Tasse Olivenöl

2 Esslöffel gehackte frische glatte Petersilie

2 große Knoblauchzehen, in dünne Scheiben geschnitten

Salz und frisch gemahlener schwarzer Pfeffer

1. Geben Sie die Pilze in ein Sieb und spülen Sie sie kurz unter fließendem kaltem Wasser ab. Die Pilze abtropfen lassen und trocken tupfen. Die Pilze halbieren oder vierteln, wenn sie groß sind. Schneiden Sie die Enden ab, wenn sie trocken aussehen.

2. In einer großen Pfanne das Öl bei mittlerer Hitze erhitzen. Die Pilze hinzufügen. Unter häufigem Rühren 8 bis 10 Minuten

kochen, bis die Pilze gebräunt sind. Petersilie, Knoblauch, Salz und Pfeffer hinzufügen. Kochen, bis der Knoblauch goldbraun ist, weitere etwa 2 Minuten. Heiß servieren.

Pilze nach Genua-Art

Pilze alle Erbe

Ergibt 6 Portionen

Die Hügel rund um Genua sind voller wilder Pilze und Kräuter, daher verwenden die dortigen Köche sie natürlich auf vielfältige Weise. Normalerweise werden für dieses Gericht Steinpilze verwendet, es kann jedoch auch jeder große Zuchtpilz ersetzt werden. Da Steinpilze in den USA nicht oft erhältlich sind, verwende ich stattdessen fleischige und aromatische Portobello-Pilze. Manchmal serviere ich sie als Herzstück einer fleischlosen Mahlzeit.

6 große Portobello-Pilze

4 Esslöffel Olivenöl

Salz und frisch gemahlener schwarzer Pfeffer

2 Knoblauchzehen, fein gehackt

3 Esslöffel fein gehackte frische glatte Petersilie

1 Teelöffel gehackter frischer Rosmarin

1/2 Teelöffel getrockneter Majoran

1. Stellen Sie einen Rost in die Mitte des Ofens. Heizen Sie den Ofen auf 425 °F vor. Ölen Sie eine Backform, die groß genug ist, um die Pilzkappen in einer einzigen Schicht aufzunehmen.

2. Wischen Sie die Pilze mit feuchten Papiertüchern sauber. Schneiden Sie die Stiele der Pilze ab und schneiden Sie die Enden ab, an denen sich Erde ansammelt. Die Stiele in dünne Scheiben schneiden. Die Pilzstiele in eine Schüssel geben und mit 2 EL Öl vermengen.

3. Legen Sie die Pilzkappen mit der offenen Seite nach oben in die Pfanne. Mit Salz und Pfeffer bestreuen.

4. In einer kleinen Schüssel Knoblauch, Petersilie, Rosmarin, Majoran sowie Salz und Pfeffer nach Geschmack verrühren. Mit den restlichen 2 Esslöffeln Öl vermengen. Auf jede Pilzkappe eine Prise der Kräutermischung geben. Mit den Stielen belegen.

5. 15 Minuten backen. Überprüfen Sie die Pilze, um festzustellen, ob die Pfanne zu trocken ist. Bei Bedarf etwas warmes Wasser hinzufügen. Weitere 15 Minuten backen oder bis es weich ist. Heiß oder bei Zimmertemperatur servieren.

Geröstete Pilze

Funghi al Forno

Ergibt 4 bis 6 Portionen

Im Frühling und Herbst, wenn sie am zahlreichsten sind, werden Steinpilze in Olivenöl geröstet, bis sie an den Rändern leicht gebräunt, innen aber zart und fleischig sind. Steinpilze sind in den Vereinigten Staaten selten und teuer, aber Sie können die gleiche Behandlung mit guten Ergebnissen auch auf andere dicke, fleischige Pilzsorten wie Cremini, Portobello oder weiße Pilze anwenden. Überfüllen Sie die Pfanne jedoch nicht, da einige Sorten viel Wasser abgeben und die Pilze dämpfen, anstatt braun zu werden.

1 Pfund Pilze, z. B. weiße, Cremini- oder Portobello-Pilze

4 große Knoblauchzehen, in dünne Scheiben geschnitten

¼ Tasse natives Olivenöl extra

Salz und frisch gemahlener schwarzer Pfeffer

1. Stellen Sie einen Rost in die Mitte des Ofens. Heizen Sie den Ofen auf 400 °F vor. Wischen Sie die Pilze mit feuchten Papiertüchern sauber. Schneiden Sie die Stiele der Pilze ab und schneiden Sie die Enden ab, an denen sich Erde ansammelt. Die Pilze vierteln,

bei großen Pilzen achteln. In einer Bratpfanne, die groß genug ist, um die Zutaten in einer einzigen Schicht aufzunehmen, die Pilze, den Knoblauch und das Öl mit Salz und Pfeffer nach Geschmack vermengen. Verteile sie gleichmäßig in der Pfanne.

2. 30 Minuten rösten, dabei ein- oder zweimal umrühren, bis die Pilze zart und gebräunt sind. Heiß servieren.

Rahmpilze

Pilze alla Panna

Ergibt 4 Portionen

Diese cremigen Pilze eignen sich hervorragend als Beilage zu Steak oder als Vorspeise, serviert auf dünnen Toastscheiben.

1 (10 bis 12 Unzen) Packung weiße Pilze

2 Esslöffel ungesalzene Butter

¼ Tasse gehackte Schalotte

Salz und frisch gemahlener schwarzer Pfeffer

½ Tasse Sahne

1. Wischen Sie die Pilze mit feuchten Papiertüchern sauber. Schneiden Sie die Stiele der Pilze ab und schneiden Sie die Enden ab, an denen sich Erde ansammelt. Die Pilze in dicke Scheiben schneiden.

2. In einer großen Pfanne die Butter bei mittlerer Hitze schmelzen. Fügen Sie die Schalotte hinzu und kochen Sie sie etwa 3 Minuten lang, bis sie weich ist. Fügen Sie die Pilze sowie Salz und Pfeffer

hinzu und schmecken Sie ab. Unter häufigem Rühren ca. 10 Minuten kochen, bis die Pilze leicht gebräunt sind.

3.Sahne einrühren und zum Kochen bringen. Kochen, bis die Sahne eingedickt ist, etwa 2 Minuten. Heiß oder warm servieren.

Cremig gebackene gefüllte Pilze

Funghi al Gratin

Ergibt 4 Portionen

Ich serviere sie gerne als Beilage zu einem einfachen gegrillten Steak oder Roastbeef, aber auch kleinere, auf diese Weise zubereitete Pilze eignen sich gut als Vorspeise.

12 große weiße oder Cremini-Pilze

4 Esslöffel ungesalzene Butter

¼ Tasse gehackte Schalotte oder Zwiebel

1 Teelöffel gehackter frischer Thymian oder eine Prise getrockneter Thymian

Salz und frisch gemahlener schwarzer Pfeffer

¼ Tasse Sahne oder Schlagsahne

2 Esslöffel einfache, trockene Semmelbrösel

1. Wischen Sie die Pilze mit feuchten Papiertüchern sauber. Schneiden Sie die Stiele der Pilze ab und schneiden Sie die Enden ab, an denen sich Erde ansammelt. Die Stiele hacken.

2. In einer mittelgroßen Pfanne 2 Esslöffel Butter schmelzen. Pilzstiele, Schalotte und Thymian hinzufügen. Mit Salz und Pfeffer abschmecken. Unter häufigem Rühren ca. 10 Minuten kochen, bis die Pilzstiele leicht gebräunt sind.

3. Die Sahne einrühren und etwa 2 Minuten köcheln lassen, bis sie eingedickt ist. Vom Herd nehmen.

4. Stellen Sie einen Rost in die Mitte des Ofens. Heizen Sie den Ofen auf 375 °F vor. Eine Auflaufform, die groß genug ist, um die Pilzkappen in einer einzigen Schicht aufzunehmen, mit Butter bestreichen.

5. Die Sahnemischung in die Kappen füllen. Legen Sie die Kappen in die vorbereitete Pfanne. Mit den Semmelbröseln bestreuen. Mit den restlichen 2 Esslöffeln Butter bestreuen.

6. Backen Sie die Pilze 15 Minuten lang oder bis die Krümel goldbraun und die Kappen zart sind. Heiß servieren.

Pilze mit Tomaten und Kräutern

Funghi al Pomodoro

Ergibt 4 Portionen

Diese Pilze werden mit Knoblauch, Tomaten und Rosmarin gekocht. Löffeln Sie sie über Schweinekoteletts oder Steaks.

1 Pfund weiße Pilze

¼ Tasse Olivenöl

1 Knoblauchzehe, fein gehackt

1 Teelöffel gehackter frischer Rosmarin

1 große Tomate, geschält, entkernt und gehackt

Salz und frisch gemahlener schwarzer Pfeffer

2 Esslöffel gehackte frische glatte Petersilie

1. Wischen Sie die Pilze mit feuchten Papiertüchern sauber. Schneiden Sie die Stiele der Pilze ab und schneiden Sie die Enden ab, an denen sich Erde ansammelt. Die Pilze halbieren oder vierteln. In einer großen Pfanne das Öl bei mittlerer Hitze erhitzen. Pilze, Knoblauch und Rosmarin hinzufügen. Unter häufigem Rühren ca. 10 Minuten kochen, bis die Pilze gebräunt sind.

2.Nach Belieben die Tomate sowie Salz und Pfeffer hinzufügen. Kochen, bis der Saft verdunstet ist, weitere etwa 5 Minuten. Petersilie unterrühren und sofort servieren.

Pilze in Marsala

Pilze al Marsala

Ergibt 4 Portionen

Pilze und Marsala sind füreinander bestimmt. Servieren Sie diese mit Hühnchen oder Kalbfleisch.

1 (10 bis 12 Unzen) Packung weiße Pilze

¼ Tasse ungesalzene Butter

1 Esslöffel Olivenöl

1 mittelgroße Zwiebel, gehackt

Salz und frisch gemahlener schwarzer Pfeffer

2 Esslöffel trockener Marsala

2 Esslöffel gehackte frische glatte Petersilie

1. Wischen Sie die Pilze mit feuchten Papiertüchern sauber. Schneiden Sie die Stiele der Pilze ab und schneiden Sie die Enden ab, an denen sich Erde ansammelt. Die Pilze halbieren oder vierteln, falls sie groß sind. In einer großen Pfanne die Butter mit dem Öl bei mittlerer Hitze schmelzen. Fügen Sie die

Zwiebel hinzu und kochen Sie sie 5 Minuten lang, bis sie weich ist.

2.Pilze, Salz und Pfeffer nach Geschmack sowie Marsala unterrühren. Unter häufigem Rühren kochen, bis der größte Teil der Flüssigkeit verdampft ist und die Pilze leicht gebräunt sind (ca. 10 Minuten). Petersilie unterrühren und vom Herd nehmen. Heiß servieren.

Gegrillte Pilze

Pilze alla Griglia

Ergibt 4 Portionen

Große Pilze wie Portobello, Shiitake und vor allem Steinpilze lassen sich wunderbar auf dem Grill zubereiten. Ihre Textur und ihr Geschmack sind fleischig und saftig, verstärkt durch die rauchigen Aromen des Grills. Die Stängel des Shiitake sind zu holzig, um gegessen zu werden. Entsorgen Sie sie und kochen Sie nur die Kappen.

4 große frische Pilze, z. B. Shiitake, Portobello oder Steinpilze

3 bis 4 Esslöffel Olivenöl

2 bis 3 große Knoblauchzehen

2 Esslöffel gehackte frische glatte Petersilie

Salz und frisch gemahlener schwarzer Pfeffer

1. Stellen Sie einen Barbecue-Grill oder einen Grillrost etwa 5 Zoll von der Wärmequelle entfernt auf. Heizen Sie den Grill oder Grill vor.

2. Wischen Sie die Pilze mit feuchten Papiertüchern sauber. Schneiden Sie die Stiele der Pilze ab und schneiden Sie die Enden ab, an denen sich Erde ansammelt. Schneiden Sie die Stängel von Portobello- oder Steinpilzen in dicke Scheiben. Entsorgen Sie die Stiele der Shiitake-Pilze. Die Pilze mit Öl bestreichen. Ordnen Sie die Kappen und Stiele so auf dem Grill an, dass die abgerundete Oberseite der Kappen zur Hitzequelle zeigt. Etwa 5 Minuten grillen, bis es leicht gebräunt ist.

3. In einer kleinen Schüssel 2 Esslöffel Öl, Knoblauch, Petersilie sowie Salz und Pfeffer nach Geschmack verrühren. Die Pilzstücke wenden und mit der Ölmischung bestreichen.

4. Noch 2 bis 3 Minuten kochen, bis die Pilze weich sind. Heiß servieren.

Frittierte Pilze

Funghi Fritti

Ergibt 6 Portionen

Diese Pilze sind mit einer knusprigen Semmelkruste umhüllt. Sie eignen sich gut als Vorspeise.

1 Tasse trockene Semmelbrösel

¼ Tasse frisch geriebener Parmigiano-Reggiano

2 große Eier, geschlagen

Salz und frisch gemahlener schwarzer Pfeffer

1 Pfund frische weiße Pilze

Pflanzenöl zum Braten

Zitronenscheiben

1. Auf einem Stück Wachspapier die Semmelbrösel mit dem Käse vermischen und die Mischung auf einem Blatt Wachspapier verteilen.

2. In einer kleinen Schüssel die Eier mit Salz und Pfeffer verquirlen und abschmecken.

3. Spülen Sie die Pilze kurz unter kaltem Wasser ab. Tupfe sie trocken. Schneiden Sie sie in zwei Hälften oder vierteln Sie sie, wenn sie groß sind. Tauchen Sie die Pilze in die Eimischung, wälzen Sie sie in den Semmelbröseln und bedecken Sie sie vollständig damit. Lassen Sie die Beschichtung etwa 10 Minuten trocknen.

4. Ein Tablett mit Papiertüchern auslegen. In einem tiefen, breiten Topf das Öl erhitzen, bis ein kleiner Tropfen des Eies brutzelt und schnell gart. Geben Sie gerade so viel Pilze in die Pfanne, dass in eine einzelne Schicht hineinpasst, ohne dass es zu viel wird. Die Pilze ca. 4 Minuten braten, bis sie knusprig und braun sind. Zum Abtropfen auf die Papiertücher geben. Die restlichen Pilze ebenso anbraten.

5. Die Pilze heiß mit Zitronenspalten servieren.

Pilzgratin

Tiella di Funghi

Ergibt 4 Portionen

In diesem Schichtauflauf aus Apulien können Sie große weiße Pilze verwenden oder eine andere fleischige Sorte wie Shiitake, Portobello oder Cremini ersetzen. Das schmeckt heiß oder bei Zimmertemperatur.

1 Pfund Portobello, Cremini oder große weiße Pilze, in dicke Scheiben geschnitten

½ Tasse einfache, trockene Semmelbrösel

½ Tasse frisch geriebener Pecorino Romano

2 Esslöffel gehackte frische glatte Petersilie

4 Esslöffel Olivenöl

Salz und frisch gemahlener schwarzer Pfeffer

2 mittelgroße Zwiebeln, in dünne Scheiben geschnitten

2 mittelgroße Tomaten, geschält, entkernt und gehackt

1. Wischen Sie die Pilze mit feuchten Papiertüchern sauber. Schneiden Sie die Stiele der Pilze ab und schneiden Sie die Enden ab, an denen sich Erde ansammelt. Schneiden Sie die Pilze in mindestens 1/4 Zoll dicke Scheiben. Stellen Sie einen Rost in die Mitte des Ofens. Heizen Sie den Ofen auf 350 °F vor. Eine 13 × 9 × 2 Zoll große Backform einölen.

2. In einer mittelgroßen Schüssel Semmelbrösel, Käse und Petersilie verrühren. 2 Esslöffel Öl sowie Salz und Pfeffer nach Geschmack hinzufügen.

3. In die Backform eine Schicht aus der Hälfte der Champignons legen und dabei die Scheiben leicht überlappen lassen. Eine Schicht aus der Hälfte der Zwiebeln und Tomaten über die Pilze legen. Mit Salz und Pfeffer bestreuen. Mit der Hälfte der Krümelmischung bestreichen. Mit den restlichen Zutaten wiederholen. Mit den restlichen 2 EL Öl beträufeln.

4. 45 Minuten backen oder bis die Pilze weich sind, wenn man sie mit einem Messer einsticht. Heiß servieren.

Austernpilze mit Wurst

Funghi al Salsiccie

Ergibt 4 Portionen

Mein Freund Phil Cicconi hat viele schöne Erinnerungen an seinen Vater Guido, der aus Ascoli Piceno in den Marken stammte. Er ließ sich in West-Philadelphia nieder, wo es eine Enklave von Menschen aus der Region gab, und brachte Phil bei, auf den Feldern in der Nähe ihres Hauses nach wilden Pilzen und Brokkoli-Rabe zu suchen. Nun führt Phil diese Tradition mit seinen drei Töchtern fort. Besonders geschätzt werden Austernpilze, die auf bestimmten Ahornbäumen wachsen. Phils Mutter Anna Maria, die aus den Abruzzen stammte, bereitete die Pilze auf diese Weise zu. Sie aßen es als Beilage zu knusprigem italienischem Brot.

In diesem Rezept können gezüchtete Austernpilze verwendet oder geschnittene weiße Pilze ersetzt werden.

1 Pfund Austernpilze

2 Esslöffel Olivenöl

2 Knoblauchzehen, fein gehackt

2 Schalotten, fein gehackt

8 Unzen italienische süße Schweinswürste, Hüllen entfernt

Salz

Prise zerstoßener roter Pfeffer

1 Tasse geschälte, entkernte und gehackte frische Tomaten

1. Wischen Sie die Pilze mit feuchten Papiertüchern ab. Die Pilze entlang der Kiemen in dünne Streifen schneiden.

2. Gießen Sie das Öl in eine große Pfanne. Den Knoblauch und die Schalotten dazugeben und etwa 2 Minuten kochen, bis sie weich sind. Die Wurst einrühren und unter häufigem Rühren kochen, bis sie braun ist.

3. Pilze, Salz nach Geschmack und zerdrückten roten Pfeffer hinzufügen und gut umrühren. Die Tomaten und 1/4 Tasse Wasser hinzufügen. Zum Kochen bringen.

4. Stellen Sie die Hitze auf niedrig und decken Sie die Pfanne ab. Unter gelegentlichem Rühren 30 Minuten kochen lassen oder bis die Wurst zart und die Soße eingedickt ist. Heiß servieren.

Mit Thunfisch gefüllte Zucchini

Zucchine al Tonno

Ergibt 6 Portionen

Ich habe sie als Vorspeise in einem Landrestaurant in der Toskana gegessen. Ich serviere sie oft als Hauptgericht mit einem grünen Salat.

2 Scheiben italienisches oder französisches Brot vom Vortag, Kruste entfernt (ca. 1/3 Tasse Brot)

1/2 Tasse Milch

6 kleine Zucchini, geputzt

1 (6 1/2 Unzen) Dose Thunfisch, verpackt in Olivenöl

1/4 Tasse frisch geriebener Parmigiano-Reggiano plus 2 Esslöffel

1 Knoblauchzehe, fein gehackt

2 Esslöffel fein gehackte frische glatte Petersilie

Frisch geriebener Muskatnuss

Salz und frisch gemahlener schwarzer Pfeffer

1 großes Ei, leicht geschlagen

1. Stellen Sie einen Rost in die Mitte des Ofens. Heizen Sie den Ofen auf 425 °F vor. Ölen Sie eine Backform, die gerade groß genug ist, um die Zucchinihälften in einer einzigen Schicht aufzunehmen.

2. Das Brot mit der Milch beträufeln und einweichen lassen, bis es weich ist. Schrubben Sie die Zucchini mit einer Bürste unter fließendem kaltem Wasser. Schneiden Sie die Enden ab.

3. Die Zucchini der Länge nach halbieren. Mit einem kleinen Löffel das Fruchtfleisch herauslöffeln, so dass eine 1/4-Zoll-Schale übrig bleibt, und das Fruchtfleisch beiseite stellen. Die Zucchinischalen mit der Schnittfläche nach oben in die vorbereitete Pfanne legen. Das Zucchinimark hacken und in eine Schüssel geben.

4. Den Thunfisch abtropfen lassen und das Öl auffangen. Den Thunfisch in einer großen Schüssel zerdrücken. Drücken Sie das Brot aus und geben Sie es zusammen mit dem gehackten Zucchinimark, 1/4 Tasse Käse, Knoblauch, Petersilie, Muskatnuss sowie Salz und Pfeffer nach Geschmack zum Thunfisch. Gut mischen. Das Ei unterrühren.

5. Die Mischung in die Zucchinischalen geben. Die Zucchini in der Backform anrichten. Mit etwas vom reservierten Thunfischöl beträufeln. Mit dem restlichen Käse bestreuen. Gießen Sie eine halbe Tasse Wasser rund um die Zucchini.

6. 30 bis 40 Minuten backen oder bis die Zucchini gebräunt und zart sind, wenn man sie mit einem Messer einsticht. Warm oder bei Zimmertemperatur servieren.

gebratene Zucchini

Zucchine-Fritte

Ergibt 6 Portionen

Bier verleiht diesem Teig einen guten Geschmack und eine gute Farbe, während die Blasen ihn leicht machen. Der Teig eignet sich auch gut zum Braten von Fisch, Zwiebelringen und anderem Gemüse.

6 kleine Zucchini

1 Tasse Allzweckmehl

2 große Eier

¼ Tasse Bier

Pflanzenöl zum Braten

Salz

1. Schrubben Sie die Zucchini mit einer Bürste unter fließendem kaltem Wasser. Schneiden Sie die Enden ab. Schneiden Sie die Zucchini in 2 × 1/4 × 1/4 Zoll große Streifen.

2. Verteilen Sie das Mehl auf einem Blatt Wachspapier. In einer mittelgroßen Schüssel die Eier schaumig schlagen. Das Bier unterrühren, bis alles gut vermischt ist.

3. Gießen Sie etwa 5 cm Öl in einen tiefen, schweren Topf oder in eine Fritteuse und befolgen Sie dabei die Anweisungen des Herstellers. Erhitzen Sie das Öl bei mittlerer Hitze, bis ein Tropfen Eimischung brutzelt, wenn Sie es in die Pfanne geben, und die Temperatur auf einem Bratthermometer 370 °F erreicht.

4. Etwa ein Viertel der Zucchinistreifen in Mehl wenden und dann in die Eimischung tauchen.

5. Halten Sie die Zucchini mit einer Zange fest, lassen Sie den überschüssigen Teig abtropfen und geben Sie dann die Zucchini Stück für Stück in das Öl. Fügen Sie nur so viele hinzu, wie hineinpassen, ohne dass es zu einem Gedränge kommt. Die Zucchini ca. 2 Minuten braten, bis sie knusprig und goldbraun sind. Die Zucchini mit einem Schaumlöffel herausnehmen. Auf Papiertüchern abtropfen lassen. Im Ofen auf niedriger Stufe warm halten, während der Rest gebraten wird.

6. Mit Salz bestreuen und heiß servieren.

Zucchini-Flans

Sformato di Zucchine

Ergibt 6 Portionen

Für die Zubereitung dieser zarten Flans benötigen Sie sechs kleine Auflaufförmchen oder ofenfeste Förmchen. Servieren Sie sie als Beilage zu Braten oder mit Schinken für einen Frühlingsbrunch. Normalerweise lasse ich sie ein oder zwei Minuten ruhen und entferne sie dann aus der Form, aber wenn man sie direkt aus dem Ofen serviert, während sie noch aufgeblasen sind, ergeben sie ein feines Soufflé für den ersten Gang. Aber beeilen Sie sich; sie sinken schnell.

Sie können die Zucchini durch Brokkoli, Spargel, Karotten oder anderes Gemüse ersetzen.

1 Esslöffel ungesalzene Butter, geschmolzen

3 mittelgroße Zucchini, in dicke Scheiben geschnitten

4 große Eier, getrennt

½ Tasse geriebener Parmigiano-Reggiano

Prise Salz

Prise gemahlene Muskatnuss

1. Schrubben Sie die Zucchini mit einer Bürste unter fließendem kaltem Wasser. Schneiden Sie die Enden ab.

2. Stellen Sie einen Rost in die Mitte des Ofens. Heizen Sie den Ofen auf 350 °F vor. Bestreichen Sie sechs Auflaufförmchen oder ofenfeste Puddingförmchen großzügig mit der geschmolzenen Butter.

3. Bringen Sie einen großen Topf Wasser zum Kochen. Die Zucchini hinzufügen und zum Kochen bringen. 1 Minute kochen. Die Zucchini gut abtropfen lassen. Tupfen Sie die Stücke mit Papiertüchern trocken. Geben Sie die Zucchini durch eine Lebensmittelmühle oder pürieren Sie sie in einer Küchenmaschine, bis sie glatt ist. Das Zucchinipüree in eine große Schüssel geben.

4. Eigelb, Parmigiano, Salz und Muskatnuss zur Zucchini geben und gut verrühren.

5. In einer großen Schüssel mit einem Elektromixer das Eiweiß schlagen, bis beim Anheben des Rührbesens weiche Spitzen entstehen. Mit einem Gummispatel das Eiweiß vorsichtig unter die Zucchinimischung heben.

6. Gießen Sie die Mischung in die Tassen. 15 bis 20 Minuten backen oder bis die Oberseite leicht braune Flecken aufweist und ein Messer in der Nähe der Mitte sauber herauskommt. Nehmen Sie die Tassen aus dem Ofen. 2 Minuten ruhen lassen, dann mit einem kleinen Messer um die Innenseite der Tassen fahren und die Flans auf einen Teller stürzen.

Süß-saurer Winterkürbis

Fegato dei Sette Cannoli

Der sizilianische Name für diesen Kürbis ist „Leber der sieben Kanonen". Der Stadtteil Seven Cannons in Palermo, benannt nach einem berühmten Brunnen und Denkmal, war einst so arm, dass sich seine Bewohner kein Fleisch leisten konnten. Sie haben in diesem Rezept Kürbis ersetzt, der normalerweise mit Leber zubereitet wird. Es kann auch mit Zucchini-, Karotten- oder Auberginenscheiben zubereitet werden.

Planen Sie die Zubereitung mindestens einen Tag vor dem Servieren ein, da sich der Geschmack so verbessert, wie er serviert wird. Es ist mehrere Tage haltbar.

Obwohl die Sizilianer den Kürbis normalerweise frittieren, backe ich ihn lieber. Auch als Antipasti eignet es sich gut.

1 kleiner Butternuss-, Eichel- oder anderer Winterkürbis oder Kürbis, in 1/4 Zoll dicke Scheiben geschnitten

Olivenöl

1/3 Tasse Rotweinessig

1 Esslöffel Zucker

Salz

2 Knoblauchzehen, sehr fein gehackt

1/3 Tasse gehackte frische glatte Petersilie oder Minze

1. Den Kürbis abspülen und trocken tupfen. Schneiden Sie die Enden mit einem großen, schweren Kochmesser ab. Mit einem Gemüseschäler die Haut abziehen. Den Kürbis halbieren und die Kerne herauslöffeln. Den Kürbis in 1/4 Zoll dicke Scheiben schneiden. Heizen Sie den Ofen auf 400 °F vor.

2. Die Kürbisscheiben von beiden Seiten großzügig mit dem Öl bestreichen. Ordnen Sie die Scheiben in einer Schicht auf Backblechen an. 20 Minuten backen oder bis es weich ist. Die Scheiben wenden und weitere 15 bis 20 Minuten backen, oder bis der Kürbis beim Einstechen mit einem Messer zart und leicht gebräunt ist.

3. In der Zwischenzeit Essig, Zucker und Salz in einem kleinen Topf erhitzen. Rühren, bis sich Zucker und Salz aufgelöst haben.

4. Ordnen Sie auf einer Platte oder in einer flachen Schüssel einige der Kürbisscheiben in einer einzigen Schicht an, wobei Sie sie leicht überlappen. Mit etwas Knoblauch und Petersilie

bestreuen. Wiederholen Sie den Schichtaufbau, bis Kürbis, Knoblauch und Petersilie vollständig aufgebraucht sind. Alles mit der Essigmischung übergießen. Vor dem Servieren abdecken und mindestens 24 Stunden im Kühlschrank lagern.

Gegrilltes Gemüse

Grün alla Griglia

Ergibt 8 Portionen

Grillen ist eine der besten Arten, Gemüse zuzubereiten. Der Grill verleiht ihnen einen rauchigen Geschmack und die Grillmarkierungen sorgen für einen optischen Reiz. Schneiden Sie das Gemüse in dicke Scheiben oder große Stücke, damit es nicht durch den Grillrost in die Flammen fällt. Wenn Sie möchten, können Sie diese vor dem Servieren mit einem Öl-Essig-Dressing verfeinern.

1 mittelgroße Aubergine (ca. 1 Pfund), in 1/2 Zoll dicke Scheiben geschnitten

Salz

1 große rote oder spanische Zwiebel, in 1/2 Zoll dicke Scheiben geschnitten

4 große Pilze, z. B. Portabello, ohne Stiel

4 mittelgroße Tomaten, entkernt und quer halbiert

2 große rote oder gelbe Paprika, entkernt, entkernt und in Viertel geschnitten

Olivenöl

Frisch gemahlener schwarzer Pfeffer

6 frische Basilikumblätter, in Stücke gerissen

1. Schneiden Sie die Ober- und Unterseite der Auberginen ab. Schneiden Sie die Aubergine quer in 1/2 Zoll dicke Scheiben. Die Auberginenscheiben großzügig mit Salz bestreuen. Legen Sie die Scheiben in ein Sieb und lassen Sie sie 30 Minuten lang über einem Teller abtropfen. Spülen Sie das Salz mit kaltem Wasser ab und trocknen Sie die Scheiben mit Papiertüchern.

2. Stellen Sie einen Barbecue-Grill oder einen Grillrost etwa 5 Zoll von der Wärmequelle entfernt auf. Heizen Sie den Grill oder Grill vor.

3. Die Gemüsescheiben mit Olivenöl bestreichen und mit der geölten Seite zur Hitzequelle hinlegen. Etwa 5 Minuten kochen, bis es leicht gebräunt ist. Die Scheiben wenden und mit Öl bestreichen. Etwa 4 Minuten kochen, bis es braun und zart ist. Das Gemüse mit Salz und Pfeffer bestreuen.

4. Das Gemüse auf einer Platte anrichten. Mit zusätzlichem Öl beträufeln und mit Basilikum bestreuen. Heiß oder bei Zimmertemperatur servieren.

Geröstetes Winterwurzelgemüse

Grün im Forno

Ergibt 6 Portionen

Inspiriert wurde dies durch das schön gebräunte, herzhafte Gemüse, das in Norditalien oft zu Braten passt. Wenn Ihre Pfanne nicht groß genug ist, um das Gemüse in einer einzigen Schicht aufzunehmen, verwenden Sie zwei Pfannen.

2 mittelgroße Rüben, geschält und geviertelt

2 mittelgroße Karotten, geschält und in 2,5 cm lange Stücke geschnitten

2 mittelgroße Pastinaken, geschält und in 2,5 cm lange Stücke geschnitten

2 mittelgroße Allzweckkartoffeln, in Viertel geschnitten

2 mittelgroße Zwiebeln, in Viertel geschnitten

4 Knoblauchzehen, geschält

⅓ Tasse Olivenöl

Salz und frisch gemahlener schwarzer Pfeffer

1. Stellen Sie einen Rost in die Mitte des Ofens. Heizen Sie den Ofen auf 450 °F vor. Das geschnittene Gemüse und die Knoblauchzehen in einem großen Bräter vermengen. Das Gemüse sollte nur eine Schicht tief sein. Verwenden Sie bei Bedarf zwei Pfannen, damit das Gemüse nicht überfüllt wird. Das Gemüse mit Öl und Salz und Pfeffer abschmecken.

2. Braten Sie das Gemüse etwa 1 Stunde und 10 Minuten lang und wenden Sie es dabei etwa alle 15 Minuten, bis es zart und gebräunt ist.

3. Übertragen Sie das Gemüse auf eine Servierplatte. Heiß servieren.

Sommerlicher Gemüseeintopf

Ciambotta

Für 4 bis 6 Personen

Im Sommer gehe ich mehrmals pro Woche zu unserem örtlichen Bauernmarkt. Ich liebe es, mit den Bauern zu sprechen und die vielen ungewöhnlichen Produkte zu probieren, die sie verkaufen. Ohne den Markt hätte ich sicher nie Dinge wie roten Löwenzahn, Portulak, Lammviertel und so viele andere Gemüsesorten probiert, die man im Supermarkt nicht findet. Leider kaufe ich oft zu viel. Dann mache ich Ciambotta, einen süditalienischen Gemüseeintopf.

Dieses besondere Ciambotta ist der Klassiker, eine Kombination aus Auberginen, Paprika, Kartoffeln und Tomaten. Es eignet sich wunderbar als Beilage oder mit geriebenem Käse belegt als fleischloses Hauptgericht. Sie können es auch kalt als Aufstrich auf geröstetem Brot für Crostini und warm als Sandwichfüllung mit geschnittenem Mozzarella essen.

1 mittelgroße Zwiebel

4 Pflaumentomaten

2 Allzweckkartoffeln, geschält

1 mittelgroße Aubergine

1 mittelgroße rote Paprika

1 mittelgelbe Paprika

Salz und frisch gemahlener schwarzer Pfeffer

3 Esslöffel Olivenöl

½ Tasse zerrissene frische Basilikumblätter oder frisch geriebener Parmigiano-Reggiano oder Pecorino Romano (optional)

1. Das Gemüse putzen und in mundgerechte Stücke schneiden. In einer großen Pfanne die Zwiebel im Öl bei mittlerer bis niedriger Hitze etwa 5 bis 8 Minuten braten, bis sie weich ist.

2. Tomaten, Kartoffeln, Auberginen und Paprika hinzufügen. Mit Salz und Pfeffer abschmecken. Abdecken und unter gelegentlichem Rühren etwa 40 Minuten kochen, bis das gesamte Gemüse weich ist und der größte Teil der Flüssigkeit verdampft ist. Wenn die Mischung zu trocken wird, fügen Sie ein paar Esslöffel Wasser hinzu. Wenn zu viel Flüssigkeit vorhanden ist, decken Sie es ab und lassen Sie es weitere 5 Minuten kochen.

3. Warm oder bei Zimmertemperatur servieren, pur oder garniert mit Basilikum oder Käse.

Variation: Ciambotta mit Eiern: Wenn das Gemüse fertig ist, 4 bis 6 Eier mit Salz verrühren, bis eine homogene Masse entsteht. Die Eier über das Gemüse gießen. Nicht umrühren. Decken Sie die Pfanne ab. Kochen, bis die Eier fest sind, etwa 3 Minuten. Warm oder bei Zimmertemperatur servieren.

Mehrschichtiger Gemüseauflauf

Teglia di Verdure

Für 6 bis 8 Personen

Verwenden Sie für diesen Auflauf eine attraktive Auflaufform und servieren Sie das Gemüse aus der Auflaufform. Es passt gut zu Frittatas, Hühnchen und vielen anderen Gerichten.

1 mittelgroße Aubergine (ca. 1 Pfund), geschält und in dünne Scheiben geschnitten

Salz

3 mittelgroße Allzweckkartoffeln (ca. 1 Pfund), geschält und in dünne Scheiben geschnitten

Frisch gemahlener schwarzer Pfeffer

2 mittelgroße Zwiebeln

1 rote und 1 grüne Paprika, entkernt und in dünne Scheiben geschnitten

3 mittelgroße Tomaten, gehackt

6 Basilikumblätter, in Stücke gerissen

⅓ Tasse Olivenöl

1. Die Aubergine schälen und quer in dünne Scheiben schneiden. Legen Sie die Scheiben in ein Sieb und bestreuen Sie sie großzügig mit Salz. Stellen Sie das Sieb auf einen Teller und lassen Sie es 30 bis 60 Minuten lang abtropfen. Die Auberginenscheiben abspülen und trocken tupfen.

2. Stellen Sie einen Rost in die Mitte des Ofens. Heizen Sie den Ofen auf 375 °F vor. Eine 13 × 9 × 2 Zoll große Auflaufform großzügig einölen.

3. Legen Sie eine Schicht überlappender Kartoffelscheiben auf den Boden der Form. Mit Salz und Pfeffer bestreuen. Die Kartoffeln mit einer Schicht Auberginen bedecken und mit Salz bestreuen. Schichten von Zwiebeln, Paprika und Tomaten hinzufügen. Mit Salz und Pfeffer bestreuen. Den Basilikum darüber streuen. Mit dem Olivenöl beträufeln.

4. Mit Folie abdecken. 45 Minuten backen. Entfernen Sie vorsichtig die Folie. Weitere 30 Minuten kochen lassen oder bis das Gemüse braun ist und beim Einstechen mit einem Messer zart ist. Warm oder bei Zimmertemperatur servieren.

Brot, Pizza, herzhafte Kuchen und Sandwiches

Buono come il pane, „gut wie Brot", ist eine alte italienische Art, jemanden oder etwas ganz Besonderes zu beschreiben. Es zeigt auch, wie wichtig Brot ist. Jeder Italiener weiß, dass Brot das Nonplusultra und das Beste ist und nichts besser sein könnte als Brot. Ob Rosetta, ein in Stücke geschnittenes rundes Brötchen, das nur aus Kruste und kleinen Krümeln besteht, oder Scaletta, leiterförmige, goldene Hartweizenbrote aus Sizilien, die in mit Mandelschalen befeuerten Öfen gebacken werden, italienische Brote haben einen wunderbaren Charakter und Geschmack. Jede Region hat einen eigenen Stil. Toskanisches und umbrisches Brot wird ohne Salz hergestellt, was etwas gewöhnungsbedürftig ist. Das Brot aus Altamura in Apulien ist hellgolden und praktisch ein nationaler Schatz. Die Menschen in Rom und Orten im Norden zahlen dafür hohe Preise. Römisches Brot ist innen feucht und voller Löcher, mit einer knusprigen, gerösteten braunen Kruste.

Dann gibt es noch die Fladenbrote: Pizza, Focaccia, Piadina und alle anderen leckeren Variationen. Jede Region hat ihren Favoriten. Neapel ist stolz auf seinen Ruf als Geburtsort der modernen Pizza, während die Genueser sich der Focaccia rühmen.

Anstatt den Geschmack obendrauf zu haben, sind in Süditalien herzhafte Pasteten aus zwei Lagen Brot oder Pizzateig beliebt, die mit einer Füllung aus Gemüse, Fleisch oder Käse gebacken werden und als Snack oder komplette Mahlzeit gegessen werden.

Die folgenden Rezepte sind nur einige der vielen Möglichkeiten. Nur wenige Italiener backen zu Hause Brot, denn in jedem Viertel gibt es einen lokalen Forno („Ofen"), wie die Brotbäckerei genannt wird, in dem mehrmals täglich frisches Brot gebacken wird. Die Brote werden aus langsam aufgegangenen Teigen hergestellt, die komplexe Aromen sowie eine gute Textur und Zähigkeit erzeugen. Da sie in Öfen gebacken werden, deren Temperaturen höher sind als in der heimischen Küche, haben sie eine knusprige, knusprige Kruste.

Die Rezepte in diesem Kapitel funktionieren auch ohne viel Spezialgerät. Wenn Sie jedoch gerne Hefebrot backen, lohnt sich die Investition in einen Backstein oder unglasierte Backfliesen. Ein Hochleistungsmixer mit Knethaken oder eine Küchenmaschine mit großer Kapazität macht das Mischen eines schweren, klebrigen Teigs zum Kinderspiel. Eine Brotmaschine kann auch zum Mischen und Aufgehen des Teigs verwendet werden, ist jedoch zum Backen dieser Brotsorten nicht geeignet.

Ich habe auch Rezepte für herzhafte Törtchen mit Käse und Gemüse beigefügt. Diese eignen sich gut als erster Gang oder mit einem Salat für eine ganze Mahlzeit.

Sandwiches sind in ganz Italien als Snack und leichte Mahlzeit beliebt. Die Mailänder haben die Paninoteca erfunden, einen Sandwichladen, in dem Sie nach Herzenslust Kombinationen aller Brotsorten bestellen können, ob getoastet oder nicht. Besonders beliebt ist die Paninoteca bei jüngeren Leuten, die auf Sandwiches und Bier vorbeischauen.

In anderen Teilen des Landes kann man ein Panino aus Weißbrot, Focaccia oder Brötchen essen. Die Römer lieben das dünne, krustenlose Tramezzino-Sandwich (Dreiecksschnitt), während in Bologna die Sandwiches auf Rosette, den lokalen knusprigen Brötchen, zubereitet werden. Auf dem Heimweg aus Italien nehme ich mir immer Zeit für einen Zwischenstopp im Flughafencafé, um mir ein Prosciutto-Rucola-Sandwich „portare via", „zum Mitnehmen", zu gönnen und es im Flugzeug nach Hause zu genießen.

Hausgemachtes Brot

Pane di Casa

Ergibt 2 Brote

Hier ist ein einfaches Brot nach italienischer Art, das im heimischen Ofen schön knusprig wird. Da der Teig sehr klebrig ist, bereiten Sie dieses Brot am besten entweder in einem Hochleistungsmixer oder einer Küchenmaschine zu. Lassen Sie sich nicht dazu verleiten, dem Teig noch mehr Mehl hinzuzufügen. Um das richtige Ergebnis zu erzielen, sollte es sehr feucht sein, mit großen Löchern in der Krume und einer knusprigen Kruste.

1 Teelöffel aktive Trockenhefe

2 Tassen warmes Wasser (100 bis 110 °F)

41/2 Tassen Brotmehl

2 Teelöffel Salz

2 Esslöffel feiner Grieß

1. Gießen Sie das Wasser in eine robuste Rührschüssel. Mit der Hefe bestreuen. Etwa 2 Minuten stehen lassen, bis die Hefe cremig ist. Rühren, bis sich die Hefe aufgelöst hat.

2. Mehl und Salz hinzufügen. Gut umrühren, bis ein weicher Teig entsteht. Der Teig sollte sehr klebrig sein. Schlagen Sie den Teig etwa 5 Minuten lang, bis er glatt und elastisch ist.

3. Das Innere einer großen Schüssel einölen. Kratzen Sie den Teig in die Schüssel und drehen Sie ihn um, um die Oberfläche einzuölen. Mit Frischhaltefolie abdecken und an einem warmen, zugfreien Ort etwa 1 1/2 Stunden gehen lassen, bis sich die Masse verdoppelt hat.

4. Den Teig flach drücken und in zwei Hälften teilen. Aus jedem Stück eine Kugel formen. Den Grieß auf ein großes Backblech streuen. Legen Sie die Teigkugeln im Abstand von mehreren Zentimetern auf das Backblech. Mit Frischhaltefolie abdecken und an einem warmen, zugfreien Ort etwa 1 Stunde gehen lassen, bis sich das Volumen verdoppelt hat.

5. Stellen Sie den Rost in die Mitte des Ofens. Heizen Sie den Ofen auf 450 °F vor. Schneiden Sie mit einer Rasierklinge oder einem sehr scharfen Messer ein X in die Oberseite jedes Laibs. Übertragen Sie den Teig auf den Backstein. 40 Minuten backen, bis die Brote goldbraun sind und beim Klopfen auf den Boden hohl klingen.

6. Schieben Sie die Brote auf Roste, um sie vollständig abzukühlen. In Folie eingewickelt bis zu 24 Stunden bei Raumtemperatur oder im Gefrierschrank bis zu einem Monat lagern.

Kräuterbrot

Pane alle Erbe

Ergibt ein 12-Zoll-Laib

In der Stadt Forlimpopoli in der Emilia-Romagna aß ich in einem Restaurant, das ein junges Paar in einer Villa aus dem 17. Jahrhundert eröffnet hatte. Vor dem Essen brachten sie ein köstliches Kräuterbrot heraus. Als ich mich danach erkundigte, verriet mir der Koch gerne das Rezept und riet mir, die besten Ergebnisse zu erzielen, wenn ich im Morgengrauen in den Garten gehe und die Kräuter pflücke, solange sie noch vom Morgentau benetzt seien. Aber auch mit frisch aus dem Supermarkt gepflückten Kräutern erzielen Sie gute Ergebnisse.

1 Umschlag (2 1/2 Teelöffel) aktive Trockenhefe oder 2 Teelöffel Instanthefe

1 Tasse warmes Wasser (100 bis 110 °F)

2 Esslöffel ungesalzene Butter, geschmolzen und abgekühlt

Etwa 2 1/2 Tassen ungebleichtes Allzweckmehl

1 Esslöffel Zucker

1 Teelöffel Salz

1 Esslöffel gehackte frische glatte Petersilie

1 Esslöffel gehackte frische Minze

1 Esslöffel gehackter frischer Thymian

1 Esslöffel geschnittener frischer Schnittlauch

1 Eigelb plus 1 Esslöffel Wasser

1.Gießen Sie das Wasser in eine große Schüssel. Mit der Hefe bestreuen. Etwa 2 Minuten stehen lassen, bis die Hefe cremig ist. Rühren, bis sich die Hefe aufgelöst hat.

2.Butter und 2 Tassen Mehl, Zucker und Salz hinzufügen und verrühren, bis ein weicher Teig entsteht. Den Teig auf eine leicht bemehlte Fläche stürzen. Mit den Kräutern bestreuen und etwa 10 Minuten lang kneten, bis ein glatter und elastischer Teig entsteht. Bei Bedarf mehr Mehl hinzufügen, bis ein feuchter, aber nicht klebriger Teig entsteht. (Oder bereiten Sie den Teig in einem Hochleistungsmixer, einer Küchenmaschine oder einer Brotmaschine gemäß den Anweisungen des Herstellers zu.)

3.Das Innere einer großen Schüssel einölen. Geben Sie den Teig in die Schüssel und drehen Sie ihn einmal, um die Oberseite einzuölen. Mit Frischhaltefolie abdecken und an einem warmen

Ort etwa 1 Stunde gehen lassen, bis sich das Volumen verdoppelt hat.

4. Ein großes Backblech einölen. Legen Sie den Teig auf eine leicht bemehlte Oberfläche und drücken Sie ihn mit den Händen flach, um Luftblasen zu entfernen. Rollen Sie den Teig zwischen Ihren Händen zu einem etwa 30 cm langen Strang. Den Teig auf das Backblech legen. Mit Plastikfolie abdecken und etwa 1 Stunde gehen lassen, bis sich das Volumen verdoppelt hat.

5. Stellen Sie den Rost in die Mitte des Ofens. Heizen Sie den Ofen auf 400 °F vor. Den Teig mit der Eigelbmischung bestreichen. Schneiden Sie mit einem Rasiermesser oder einem sehr scharfen Messer vier Schlitze über die Oberseite. Backen Sie den Laib etwa 30 Minuten lang, bis er goldbraun ist und hohl klingt, wenn Sie auf die Unterseite klopfen.

6. Schieben Sie das Brot auf einen Rost, um es vollständig abzukühlen. In Folie einwickeln und bis zu 24 Stunden bei Raumtemperatur lagern oder bis zu 1 Monat einfrieren.

Käsebrot nach Markenart

Ciaccia

Ergibt ein rundes 9-Zoll-Laib

Die Region Marken in Mittelitalien ist vielleicht nicht so bekannt, was das Essen angeht, aber sie hat viel zu bieten. Entlang der Küste gibt es ausgezeichnete Meeresfrüchte, während im Landesinneren, wo es schroffe Berge gibt, herzhafte Gerichte mit Wild und Trüffeln serviert werden. Eine lokale Spezialität ist Ciauscolo, eine weiche Wurst aus sehr fein gemahlenem Schweinefleisch, gewürzt mit Knoblauch und Gewürzen, die auf Brot gestrichen werden kann. Dieses aromatische Brot aus zwei Käsesorten wird als Snack oder als Vorspeise mit einem Glas Wein serviert. Es eignet sich hervorragend für ein Picknick mit hartgekochten Eiern, Salami und einem Salat.

1 Umschlag (2 1/2 Teelöffel) aktive Trockenhefe oder 2 Teelöffel Instanthefe

1 Tasse warme Milch (100 bis 110 °F)

2 große Eier, geschlagen

2 Esslöffel Olivenöl

1/2 Tasse frisch geriebener Pecorino Romano

½ Tasse frisch geriebener Parmigiano-Reggiano

Etwa 3 Tassen ungebleichtes Allzweckmehl

½ Teelöffel Salz

½ Teelöffel frisch gemahlener schwarzer Pfeffer

1. In einer großen Schüssel die Hefe über die Milch streuen. Etwa 2 Minuten stehen lassen, bis die Hefe cremig ist. Rühren, bis sich die Hefe aufgelöst hat.

2. Eier, Öl und Käse dazugeben und gut verrühren. Mit einem Holzlöffel Mehl, Salz und Pfeffer unterrühren, bis ein weicher Teig entsteht. Den Teig auf eine leicht bemehlte Fläche stürzen. Kneten Sie den Teig etwa 10 Minuten lang, bis er glatt und elastisch ist, und fügen Sie nach Bedarf mehr Mehl hinzu, um einen feuchten, aber nicht klebrigen Teig zu erhalten. (Oder bereiten Sie den Teig in einem Hochleistungsmixer, einer Küchenmaschine oder einer Brotmaschine gemäß den Anweisungen des Herstellers zu.) Formen Sie den Teig zu einer Kugel.

3. Das Innere einer großen Schüssel einölen. Geben Sie den Teig in die Schüssel und drehen Sie ihn einmal, um die Oberseite

einzuölen. Mit Plastikfolie abdecken und 1 1/2 Stunden gehen lassen oder bis sich die Masse verdoppelt hat.

4.Drücken Sie den Teig nach unten, um die Luftblasen zu entfernen. Den Teig zu einer Kugel formen.

5.Eine 9-Zoll-Springform einölen. Den Teig dazugeben, abdecken und erneut etwa 45 Minuten gehen lassen, bis sich das Volumen verdoppelt hat.

6.Stellen Sie den Rost in die Mitte des Ofens. Heizen Sie den Ofen auf 375 °F vor. Die Oberseite des Teigs mit Eigelb bestreichen. Etwa 35 Minuten goldbraun backen.

7.10 Minuten in der Pfanne abkühlen lassen. Entfernen Sie die Seiten der Pfanne und schieben Sie das Brot dann auf ein Gitter, um es vollständig abzukühlen. In Folie einwickeln und bis zu 24 Stunden bei Raumtemperatur lagern oder bis zu 1 Monat einfrieren.

Goldene Maisbrötchen

Panini d'Oro

Ergibt 8 bis 10 Portionen

Kleine runde Röllchen, belegt mit einer halben Kirschtomate, erhalten ihre goldene Farbe durch Maismehl. Der Teig wird zu Kugeln geformt, die beim Backen zu einem Laib verschmelzen. Die Brötchen können als ganzes Brot serviert werden, wobei jeder sich sein eigenes Stück abreißt. Diese schmecken besonders gut als Suppenabendessen oder mit Käse.

1 Umschlag (2 1/2 Teelöffel) aktive Trockenhefe oder 2 Teelöffel Instanthefe

1/2 Tasse warmes Wasser (100 bis 110 °F)

1/2 Tasse Milch

1/4 Tasse Olivenöl

Etwa 2 Tassen ungebleichtes Allzweckmehl

1/2 Tasse feines gelbes Maismehl

1 Teelöffel Salz

10 Kirschtomaten, halbiert

1. In einer großen Schüssel die Hefe über das Wasser streuen. Etwa 2 Minuten stehen lassen, bis die Hefe cremig ist. Rühren, bis sich die Hefe aufgelöst hat. Milch und 2 Esslöffel Öl einrühren.

2. In einer großen Schüssel Mehl, Maismehl und Salz vermischen.

3. Die trockenen Zutaten zur Flüssigkeit geben und verrühren, bis ein Teig entsteht. Den Teig auf eine leicht bemehlte Fläche stürzen. Kneten Sie den Teig etwa 10 Minuten lang, bis er glatt und elastisch ist, und fügen Sie nach Bedarf mehr Mehl hinzu, um einen feuchten, leicht klebrigen Teig zu erhalten. (Oder bereiten Sie den Teig in einem Hochleistungsmixer, einer Küchenmaschine oder einer Brotmaschine gemäß den Anweisungen des Herstellers zu.) Formen Sie den Teig zu einer Kugel.

4. Das Innere einer großen Schüssel einölen. Den Teig dazugeben und einmal wenden, um die Oberseite einzuölen. Mit Frischhaltefolie abdecken und 1 1/2 Stunden an einem warmen, zugfreien Ort gehen lassen.

5. Eine 25 cm große Springform einölen. Drücken Sie den Teig nach unten, um die Luftblasen zu entfernen. Den Teig vierteln. Jedes Viertel in 5 gleichmäßige Stücke schneiden. Rollen Sie jedes Stück zu einer Kugel. Ordnen Sie die Stücke in der Pfanne an. In die Mitte jedes Teigstücks eine Tomatenhälfte mit der Schnittfläche nach unten drücken. Mit Frischhaltefolie abdecken und an einem warmen Ort 45 Minuten gehen lassen, bis sich das Volumen verdoppelt hat.

6. Stellen Sie den Rost in die Mitte des Ofens. Heizen Sie den Ofen auf 400 °F vor. Den Teig mit den restlichen 2 EL Olivenöl beträufeln. 30 Minuten backen oder bis es goldbraun ist.

7. Entfernen Sie die Seiten der Pfanne. Schieben Sie die Rollen zum Abkühlen auf ein Gestell. In Folie einwickeln und bis zu 24 Stunden bei Raumtemperatur lagern oder bis zu 1 Monat einfrieren.

Schwarzes Olivenbrot

Pane di Olive

Ergibt zwei 12-Zoll-Brote

Dieses Brot besteht aus einer Vorspeise, einer Mischung aus Mehl, Wasser und Hefe. Der Starter geht separat auf und wird dem Teig hinzugefügt, um dem Brot zusätzlichen Geschmack zu verleihen. Planen Sie ein, die Vorspeise mindestens eine Stunde oder bis zu einem Tag im Voraus zuzubereiten.

Obwohl ich für dieses Rezept im Allgemeinen aromatische italienische schwarze Oliven verwende, können auch grüne Oliven verwendet werden. Oder probieren Sie eine Mischung aus mehreren verschiedenen Olivensorten. Dieses Brot ist in der Region Venetien beliebt.

1 Umschlag (2 1/2 Teelöffel) aktive Trockenhefe oder 2 Teelöffel Instanthefe

2 Tassen warmes Wasser (100 bis 110 °F)

Etwa 4 1/2 Tassen ungebleichtes Allzweckmehl

1/2 Tasse Vollkornmehl

2 Teelöffel Salz

2 Esslöffel Olivenöl

1½ Tassen aromatische schwarze Oliven, z. B. Gaeta, entkernt und grob gehackt

1. Streuen Sie in einer mittelgroßen Schüssel die Hefe über 1 Tasse Wasser. Etwa 2 Minuten stehen lassen, bis die Hefe cremig ist. Rühren, bis sich die Hefe aufgelöst hat. 1 Tasse Allzweckmehl einrühren. Mit Plastikfolie abdecken und an einem kühlen Ort etwa 1 Stunde oder über Nacht stehen lassen, bis Blasen entstehen. (Wenn das Wetter heiß ist, stellen Sie den Starter in den Kühlschrank. Nehmen Sie ihn etwa eine Stunde vor der Teigzubereitung heraus.)

2. In einer großen Schüssel die restlichen 3,5 Tassen Allzweckmehl, das Vollkornmehl und das Salz verrühren. Den Starter, die restliche 1 Tasse warmes Wasser und das Öl hinzufügen. Mit einem Holzlöffel rühren, bis ein weicher Teig entsteht.

3. Den Teig auf eine leicht bemehlte Arbeitsfläche geben und etwa 10 Minuten lang kneten, bis er glatt und elastisch ist. Bei Bedarf mehr Mehl hinzufügen, um einen feuchten und leicht klebrigen Teig zu erhalten. (Oder bereiten Sie den Teig in einem Hochleistungsmixer, einer Küchenmaschine oder einer

Brotmaschine gemäß den Anweisungen des Herstellers zu.) Formen Sie den Teig zu einer Kugel.

4. Das Innere einer großen Schüssel einölen. Fügen Sie den Teig hinzu und drehen Sie ihn einmal, um die Oberseite einzuölen. Mit Frischhaltefolie abdecken und an einem warmen Ort etwa 1 1/2 Stunden gehen lassen, bis sich die Masse verdoppelt hat.

5. Ein großes Backblech einölen. Den Teig flach drücken, um die Luftblasen zu entfernen. Die Oliven kurz unterkneten. Teilen Sie den Teig in zwei Teile und formen Sie jedes Stück zu einem etwa 30 cm langen Laib. Legen Sie die Brote im Abstand von einigen Zentimetern auf das vorbereitete Backblech. Mit Plastikfolie abdecken und etwa 1 Stunde gehen lassen, bis sich die Menge verdoppelt hat.

6. Stellen Sie den Rost in die Mitte des Ofens. Heizen Sie den Ofen auf 400 °F vor. Machen Sie mit einer einschneidigen Rasierklinge oder einem scharfen Messer drei bis vier diagonale Schnitte auf der Oberfläche jedes Laibs. 40 bis 45 Minuten backen oder bis sie goldbraun sind.

7. Schieben Sie die Brote zum Abkühlen auf ein Gestell. In Folie einwickeln und bis zu 24 Stunden bei Raumtemperatur lagern oder bis zu 1 Monat einfrieren.

Stromboli-Brot

Rotolo di Pane

Ergibt zwei 10-Zoll-Brote

Soweit ich das beurteilen kann, handelt es sich bei diesem mit Käse und Wurstwaren gefüllten Brot um eine italienisch-amerikanische Kreation, möglicherweise inspiriert von der sizilianischen Bonata, einem Brotteig, der um eine Füllung gewickelt und zu einem Laib gebacken wird. Stromboli ist ein berühmter sizilianischer Vulkan, daher bezieht sich der Name wahrscheinlich auf die Tatsache, dass die Füllung aus den Dampfquellen austritt und geschmolzener Lava ähnelt. Servieren Sie das Brot als Vorspeise oder Snack.

1 Teelöffel aktive Trockenhefe oder 2 Teelöffel Instanthefe

¾ Tasse warmes Wasser (100 bis 110 °F)

Etwa 2 Tassen ungebleichtes Allzweckmehl

1 Teelöffel Salz

4 Unzen geschnittener milder Provolone oder Schweizer Käse

2 Unzen dünn geschnittene Salami

4 Unzen geschnittener Schinken

1 Eigelb mit 2 EL Wasser verquirlt

1. In einer großen Schüssel die Hefe über das Wasser streuen. Etwa 2 Minuten stehen lassen, bis die Hefe cremig ist. Rühren, bis sich die Hefe aufgelöst hat.

2. Mehl und Salz hinzufügen. Mit einem Holzlöffel rühren, bis ein weicher Teig entsteht. Den Teig auf eine leicht bemehlte Arbeitsfläche geben und etwa 10 Minuten lang kneten, bis er glatt und elastisch ist. Bei Bedarf mehr Mehl hinzufügen, um einen feuchten, aber nicht klebrigen Teig zu erhalten. (Oder bereiten Sie den Teig in einem Hochleistungsmixer, einer Küchenmaschine oder einer Brotmaschine gemäß den Anweisungen des Herstellers zu.)

3. Das Innere einer großen Schüssel einölen. Geben Sie den Teig in die Schüssel und drehen Sie ihn einmal, um die Oberseite einzuölen. Mit Plastikfolie abdecken. An einen warmen, zugfreien Ort stellen und etwa 1 1/2 Stunden gehen lassen, bis sich das Volumen verdoppelt hat.

4. Nehmen Sie den Teig aus der Schüssel und drücken Sie ihn vorsichtig flach, um die Luftblasen zu entfernen. Den Teig halbieren und zu zwei Kugeln formen. Legen Sie die Kugeln auf eine bemehlte Fläche und bedecken Sie sie jeweils mit einer

Schüssel. 1 Stunde gehen lassen oder bis sich das Volumen verdoppelt hat.

5. Stellen Sie einen Ofenrost in die Mitte des Ofens. Heizen Sie den Ofen auf 400 °F vor. Ein großes Backblech einölen.

6. Auf einer leicht bemehlten Oberfläche mit einem Nudelholz ein Stück Teig zu einem 12-Zoll-Kreis flach drücken. Die Hälfte der Käsescheiben auf dem Teig verteilen. Mit der Hälfte des Schinkens und der Salami belegen. Den Teig fest aufrollen und in einen Zylinder füllen. Drücken Sie die Naht zusammen, um sie abzudichten. Legen Sie die Rolle mit der Naht nach unten auf das Backblech. Falten Sie die Teigenden unter die Rolle. Mit den restlichen Zutaten wiederholen.

7. Die Brötchen mit der Eigelbmischung bestreichen. Schneiden Sie mit einem Messer vier flache Schlitze in gleichmäßigem Abstand oben in den Teig. 30 bis 35 Minuten backen oder bis es goldbraun ist.

8. Zum leichten Abkühlen auf Gitterroste legen. Warm servieren, in diagonale Scheiben schneiden. In Folie einwickeln und bis zu 24 Stunden bei Raumtemperatur lagern oder bis zu 1 Monat einfrieren.

Walnusskäsebrot

Pan Nociato

Ergibt zwei 8-Zoll-runde Brote

Mit Salame, Oliven und einer Flasche Rotwein ergibt dieses umbrische Brot eine feine Mahlzeit. Diese Version ist herzhaft, aber in Todi, einer der schönsten mittelalterlichen Städte der Region, hatte ich eine süße Version, die aus Rotwein, Gewürzen und Rosinen zubereitet und in Weinblättern gebacken wurde.

1 Umschlag (2 1/2 Teelöffel) aktive Trockenhefe oder 2 Teelöffel Instanthefe

2 Tassen warmes Wasser (100 bis 110 °F)

Etwa 4 1/2 Tassen ungebleichtes Allzweckmehl

½ Tasse Vollkornmehl

2 Teelöffel Salz

2 Esslöffel Olivenöl

1 Tasse geriebener Pecorino Toscano

1 Tasse gehackte Walnüsse, geröstet

1. Streuen Sie in einer mittelgroßen Schüssel die Hefe über 1 Tasse Wasser. Etwa 2 Minuten stehen lassen, bis die Hefe cremig ist. Rühren, bis sich die Hefe aufgelöst hat.

2. In einer großen Schüssel 4 Tassen Allzweckmehl, Vollkornmehl und Salz verrühren. Fügen Sie die Hefemischung, die restliche 1 Tasse warmes Wasser und das Öl hinzu. Mit einem Holzlöffel verrühren, bis ein weicher Teig entsteht. Den Teig auf eine leicht bemehlte Arbeitsfläche geben und etwa 10 Minuten lang kneten, bis er glatt und elastisch ist. Bei Bedarf mehr Mehl hinzufügen, um einen feuchten, leicht klebrigen Teig zu erhalten. (Oder bereiten Sie den Teig in einem Hochleistungsmixer, einer Küchenmaschine oder einer Brotmaschine gemäß den Anweisungen des Herstellers zu.)

3. Das Innere einer großen Schüssel einölen. Fügen Sie den Teig hinzu und drehen Sie ihn einmal, um die Oberseite einzuölen. Mit Frischhaltefolie abdecken und an einem warmen Ort etwa 1 1/2 Stunden gehen lassen, bis sich die Masse verdoppelt hat.

4. Ein großes Backblech einölen. Den Teig flach drücken, um die Luftblasen zu entfernen. Den Käse und die Nüsse darüberstreuen und kneten, um die Zutaten gleichmäßig zu verteilen. Teilen Sie den Teig in zwei Teile und formen Sie jedes Stück zu einem runden Laib. Legen Sie die Brote im Abstand von einigen Zentimetern auf das vorbereitete Backblech. Mit Plastikfolie abdecken und etwa 1 Stunde gehen lassen, bis sich die Menge verdoppelt hat.

5. Stellen Sie den Ofenrost in die Mitte des Ofens. Heizen Sie den Ofen auf 400 °F vor. Machen Sie mit einer einschneidigen Rasierklinge oder einem scharfen Messer drei bis vier diagonale Schnitte auf der Oberfläche jedes Laibs. Backen Sie die Brote etwa 40 bis 45 Minuten lang, bis sie goldbraun sind und die Brote hohl klingen, wenn Sie auf den Boden klopfen.

6. Schieben Sie die Brote auf ein Gitter, um sie vollständig abzukühlen. Bei Zimmertemperatur servieren. In Folie einwickeln und bis zu 24 Stunden bei Raumtemperatur lagern oder bis zu 1 Monat einfrieren.

Tomatenbrötchen

Panini al Pomodoro

Ergibt 8 Rollen

Tomatenmark färbt diese Brötchen schön orangerot und verleiht ihnen einen Hauch Tomatengeschmack. Das in Tuben erhältliche doppelt konzentrierte Tomatenmark verwende ich gerne wie Zahnpasta. Es hat einen guten süßen Tomatengeschmack, und da für die meisten Rezepte nur ein oder zwei Esslöffel der Paste benötigt werden, können Sie im Gegensatz zu Tomatenmark aus der Dose genau so viel verwenden, wie Sie benötigen, die Tube verschließen und im Kühlschrank aufbewahren.

Obwohl ich bei Tomaten nicht oft an Venetien denke, sind diese Brötchen dort beliebt.

1 Umschlag (2 1/2 Teelöffel) aktive Trockenhefe oder 2 Teelöffel Instanthefe

1/2 Tasse plus 3/4 Tasse warmes Wasser (100° bis 110°F)

1/4 Tasse Tomatenmark

2 Esslöffel Olivenöl

Etwa 23/4 Tassen ungebleichtes Allzweckmehl

2 Teelöffel Salz

1 Teelöffel getrockneter Oregano, zerbröselt

1. Streuen Sie in einer mittelgroßen Schüssel die Hefe über eine halbe Tasse Wasser. Etwa 2 Minuten stehen lassen, bis die Hefe cremig ist. Rühren, bis sich die Hefe aufgelöst hat. Das Tomatenmark und das restliche Wasser hinzufügen und glatt rühren. Das Olivenöl einrühren.

2. In einer großen Rührschüssel Mehl, Salz und Oregano verrühren.

3. Gießen Sie die Flüssigkeit zu den trockenen Zutaten. Mit einem Holzlöffel rühren, bis ein weicher Teig entsteht. Den Teig auf eine leicht bemehlte Arbeitsfläche geben und etwa 10 Minuten lang kneten, bis er glatt und elastisch ist. Bei Bedarf mehr Mehl hinzufügen, um einen feuchten, leicht klebrigen Teig zu erhalten. (Oder bereiten Sie den Teig in einem Hochleistungsmixer, einer Küchenmaschine oder einer Brotmaschine gemäß den Anweisungen des Herstellers zu.)

4. Das Innere einer großen Schüssel einölen. Fügen Sie den Teig hinzu und drehen Sie ihn einmal, um die Oberseite einzuölen. Mit Frischhaltefolie abdecken und 1 1/2 Stunden gehen lassen, bis sich der Teig verdoppelt hat.

5. Ein großes Backblech einölen. Den Teig flach drücken, um Luftblasen zu entfernen. Den Teig in 8 gleichmäßige Stücke schneiden. Aus jedem Stück eine Kugel formen. Ordnen Sie die Kugeln im Abstand von mehreren Zentimetern auf dem Backblech an. Mit Plastikfolie abdecken und etwa 1 Stunde gehen lassen, bis sich das Volumen verdoppelt hat.

6. Stellen Sie den Rost in die Mitte des Ofens. Heizen Sie den Ofen auf 400 °F vor. Backen Sie die Brötchen etwa 20 Minuten lang, bis sie goldbraun sind und beim Klopfen auf den Boden hohl klingen.

7. Schieben Sie die Brötchen auf einen Rost, um sie vollständig abzukühlen. Bei Zimmertemperatur servieren. In Folie verpackt bis zu 24 Stunden lagern oder bis zu 1 Monat einfrieren.

Land-Brioche

Brioche Rustica

Ergibt 8 Portionen

Der mit Butter und Eiern angereicherte Briocheteig, der vermutlich um 1700 von französischen Köchen in Neapel eingeführt wurde, wird mit gehacktem Prosciutto und Käse verfeinert. Dieses leckere Brot eignet sich hervorragend als Antipasti oder kann vor oder nach dem Essen mit einem Salatgang serviert werden. Beachten Sie, dass dieser Teig glatt geschlagen und nicht geknetet wird.

1/2 Tasse warme Milch (100° bis 110°F)

1 Umschlag (2 1/2 Teelöffel) aktive Trockenhefe oder 2 Teelöffel Instanthefe

4 Esslöffel (1/2 Stange) ungesalzene Butter, bei Zimmertemperatur

1 Esslöffel Zucker

1 Teelöffel Salz

2 große Eier, zimmerwarm

Etwa 2 1/2 Tassen ungebleichtes Allzweckmehl

1/2 Tasse gehackter frischer Mozzarella, trocken tupfen, falls feucht

½ Tasse gehacktes Provolone

½ Tasse gehackter Prosciutto

1. Gießen Sie die Milch in eine kleine Schüssel und streuen Sie die Hefe hinein. Lassen Sie es etwa 2 Minuten lang stehen, bis die Hefe cremig ist. Rühren, bis sich die Hefe aufgelöst hat.

2. In einer großen, robusten Rührschüssel oder einer Küchenmaschine Butter, Zucker und Salz verrühren, bis eine homogene Masse entsteht. Die Eier unterrühren. Mit einem Holzlöffel die Milchmischung einrühren. Das Mehl hinzufügen und glatt rühren. Der Teig wird klebrig sein.

3. Den Teig auf einer leicht bemehlten Fläche zu einer Kugel formen. Mit einer umgedrehten Schüssel abdecken und 30 Minuten ruhen lassen.

4. Eine 10-Zoll-Röhre oder Gugelhupfform mit Butter bestreichen und bemehlen.

5. Ein Nudelholz leicht bemehlen. Den Teig zu einem Rechteck von 22 x 8 Zoll ausrollen. Den Käse und das Fleisch über den Teig streuen, dabei an den Längsseiten einen 2,5 cm breiten Rand frei lassen. Rollen Sie den Teig an einer Längsseite beginnend fest auf, sodass ein Zylinder entsteht. Drücken Sie die Naht

zusammen, um sie abzudichten. Legen Sie die Rolle mit der Nahtseite nach unten in die vorbereitete Form. Drücken Sie die Enden zusammen, um sie zu verschließen. Decken Sie die Pfanne mit Plastikfolie ab. Lassen Sie den Teig an einem warmen, zugfreien Ort etwa 1 1/2 Stunden gehen, bis er sich verdoppelt hat.

6. Stellen Sie den Ofenrost in die Mitte des Ofens. Heizen Sie den Ofen auf 350 °F vor. Backen, bis die Brote goldbraun sind und beim Klopfen auf den Boden hohl klingen, etwa 35 Minuten.

7. Schieben Sie die Brote auf einen Rost, um sie vollständig abzukühlen. Bei Zimmertemperatur servieren. In Folie einwickeln und bis zu 24 Stunden bei Raumtemperatur lagern oder bis zu 1 Monat einfrieren.

Sardisches Notenpapierbrot

Carta da Musica

Ergibt 8 bis 12 Portionen

Große Blätter hauchdünnen Brotes werden auf Sardinien „Musikpapier" genannt, weil früher Brot wie Papier zur einfacheren Lagerung aufgerollt wurde. Die Sarden brechen die Blätter in kleinere Stücke, um sie zu den Mahlzeiten oder als Snack mit weichem Ziegen- oder Schafskäse zu essen, sie können sie in Suppen einweichen oder sie mit Saucen wie Nudeln überziehen. Grießmehl finden Sie in vielen Fachgeschäften oder in Katalogen wie dem King Arthur Flour Baker's Catalog (siehe).Quellen).

Etwa 1 1/4 Tassen ungebleichtes Allzweck- oder Brotmehl

1 1/4 Tassen feines Grießmehl

1 Teelöffel Salz

1 Tasse warmes Wasser

1. In einer großen Schüssel das Allzweck- oder Brotmehl, den Grieß und das Salz vermischen. Mit einem Holzlöffel das Wasser einrühren, bis ein weicher Teig entsteht.

2. Kratzen Sie den Teig auf eine leicht bemehlte Oberfläche. Den Teig etwa 5 Minuten lang kneten und bei Bedarf weiteres Mehl hinzufügen, bis ein fester, glatter und elastischer Teig entsteht. Den Teig zu einer Kugel formen. Mit einer umgedrehten Schüssel abdecken und 1 Stunde bei Zimmertemperatur ruhen lassen.

3. Stellen Sie den Rost in die Mitte des Ofens. Heizen Sie den Ofen auf 450 °F vor.

4. Teilen Sie den Teig in sechs Stücke. Rollen Sie mit einem Nudelholz auf einer leicht bemehlten Oberfläche ein Stück Teig zu einem 30 cm großen Kreis aus, der dünn genug ist, dass Sie Ihre Hand hindurchsehen können, wenn der Teig gegen das Licht gehalten wird. Den Teig über das Nudelholz legen, um ihn anzuheben. Legen Sie den Teig auf ein ungefettetes Backblech und achten Sie darauf, eventuelle Falten zu glätten.

5. Etwa 2 Minuten backen oder bis die Oberseite des Brotes gerade fest ist. Schützen Sie eine Hand mit einem Topflappen und drehen Sie den Teig mit einem großen Metallspatel in der anderen Hand um. Noch etwa 2 Minuten backen oder bis es leicht gebräunt ist.

6. Übertragen Sie das Brot auf einen Rost, um es vollständig abzukühlen. Mit dem restlichen Teig wiederholen.

7. Zum Servieren jedes Blatt in 2 oder 4 Stücke brechen. Bewahren Sie Reste an einem trockenen Ort in einer dicht verschlossenen Plastiktüte auf.

Variation: Um es als Vorspeise zu servieren, erwärmen Sie das Brot auf einem Backblech in einem niedrigen Ofen für 5 Minuten oder bis es warm ist. Stapeln Sie die Stücke auf einem Teller und beträufeln Sie jede Schicht mit nativem Olivenöl extra und grobem Salz oder gehacktem frischem Rosmarin. Warm servieren.

Fladenbrot mit roten Zwiebeln

Focaccia alle Cipolle Rosso

Ergibt 8 bis 10 Portionen

Der Teig für diese Focaccia ist sehr feucht und klebrig, daher wird er komplett in einer Schüssel gemischt, ohne geknetet zu werden. Mischen Sie es von Hand mit einem Holzlöffel oder verwenden Sie einen leistungsstarken Elektromixer, eine Küchenmaschine oder eine Brotmaschine. Ein langes, langsames Aufgehen verleiht diesem Brot einen köstlichen Geschmack und eine leicht kuchenartige Konsistenz. Obwohl die meisten Focaccias warm am besten schmecken, ist diese so saftig, dass sie sogar bei Zimmertemperatur haltbar ist.

1 Umschlag (2 1/2 Teelöffel) aktive Trockenhefe oder Instanthefe

1/2 Tasse warmes Wasser (100 bis 110 °F)

1 1/2 Tassen Milch, bei Zimmertemperatur

6 Esslöffel Olivenöl

Etwa 5 Tassen ungebleichtes Allzweckmehl

2 Esslöffel fein gehackter frischer Rosmarin

2 Teelöffel Salz

½ Tasse grob gehackte rote Zwiebel

1. In einer mittelgroßen Schüssel die Hefe über das warme Wasser streuen. Etwa 2 Minuten stehen lassen, bis die Hefe cremig ist. Rühren, bis sich die Hefe aufgelöst hat. Milch und 4 Esslöffel Öl dazugeben und verrühren.

2. Mehl, Rosmarin und Salz in einer großen Hochleistungsrührschüssel oder einer Küchenmaschine verrühren. Die Hefemischung dazugeben und verrühren, bis ein weicher Teig entsteht. Etwa 3 bis 5 Minuten lang kneten, bis es glatt und elastisch ist. Der Teig wird klebrig sein.

3. Eine große Schüssel einölen. Kratzen Sie den Teig in die Schüssel und decken Sie ihn mit Plastikfolie ab. An einem warmen, zugfreien Ort etwa 1 1/2 Stunden gehen lassen, bis sich das Volumen verdoppelt hat.

4. Eine 13 × 9 × 2 Zoll große Backform einölen. Kratzen Sie den Teig in die Form und verteilen Sie ihn gleichmäßig. Mit Plastikfolie abdecken und 1 Stunde gehen lassen, bis sich die Masse verdoppelt hat.

5. Stellen Sie den Ofenrost in die Mitte des Ofens. Heizen Sie den Ofen auf 450 °F vor.

6. Drücken Sie mit den Fingerspitzen fest in den Teig, sodass Vertiefungen entstehen, die einen Abstand von etwa 2,5 cm und eine Tiefe von 1/2 Zoll haben. Die Oberfläche mit den restlichen 2 EL Olivenöl beträufeln und die Zwiebelscheiben darüber streuen. Mit grobem Salz bestreuen. Etwa 25 bis 30 Minuten backen, bis es knusprig und goldbraun ist.

7. Schieben Sie die Focaccia zum Abkühlen auf einen Rost. In Quadrate schneiden. Warm oder bei Zimmertemperatur servieren. In Folie verpackt bis zu 24 Stunden bei Raumtemperatur lagern.

Weißwein-Fladenbrot

Focaccia al Vino

Ergibt 8 bis 10 Portionen

Weißwein verleiht dieser Focaccia nach Genua-Art einen einzigartigen Geschmack. Normalerweise wird es mit groben Meersalzkristallen garniert, Sie können es aber auch durch frischen Salbei oder Rosmarin ersetzen, wenn Sie möchten. In Genua wird es zu jeder Mahlzeit gegessen, auch zum Frühstück, und Schulkinder holen sich beim Bäcker ein Stück davon für ihren Vormittagssnack. Der Teig für diese Focaccia ist sehr feucht und klebrig, daher ist es am besten, ihn in einem Hochleistungsmixer oder einer Küchenmaschine zuzubereiten.

Diese Focaccia wird mit einer Vorspeise zubereitet – einer Kombination aus Hefe, Mehl und Wasser, die vielen Broten zusätzlichen Geschmack und eine gute Textur verleiht. Die Vorspeise kann bereits 1 Stunde oder sogar 24 Stunden vor der Zubereitung des Brotes zubereitet werden. Planen Sie also entsprechend.

1 Umschlag (2 1/2 Teelöffel) aktive Trockenhefe oder 2 Teelöffel Instanthefe

1 Tasse warmes Wasser (100 bis 110 °F)

Etwa 4 Tassen ungebleichtes Allzweckmehl

2 Teelöffel Salz

½ Tasse trockener Weißwein

¼ Tasse Olivenöl

Belag

3 Esslöffel natives Olivenöl extra

1 Teelöffel grobes Meersalz

1. Für die Vorspeise die Hefe über das Wasser streuen. Etwa 2 Minuten stehen lassen, bis die Hefe cremig ist. Rühren, bis sich die Hefe aufgelöst hat. 1 Tasse Mehl unterrühren, bis eine glatte Masse entsteht. Mit Plastikfolie abdecken und etwa 1 Stunde oder bis zu 24 Stunden bei Raumtemperatur stehen lassen. (Wenn das Wetter heiß ist, stellen Sie den Starter in den Kühlschrank. Nehmen Sie ihn etwa eine Stunde vor der Teigzubereitung heraus.)

2. In einem Hochleistungsmixer oder einer Küchenmaschine 3 Tassen Mehl und Salz vermischen. Vorspeise, Wein und Öl hinzufügen. Rühren Sie den Teig etwa 3 bis 5 Minuten lang, bis

er glatt und elastisch ist. Es wird sehr klebrig sein, aber fügen Sie kein weiteres Mehl hinzu.

3. Das Innere einer großen Schüssel einölen. Den Teig hinzufügen. Mit Frischhaltefolie abdecken und an einem warmen, zugfreien Ort etwa 1 1/2 Stunden gehen lassen, bis sich die Masse verdoppelt hat.

4. Ein großes Backblech oder eine 15 × 10 × 1 Zoll große Jelly Roll-Pfanne einölen. Den Teig flach drücken. Legen Sie es in die Pfanne, tupfen Sie es ab und dehnen Sie es mit den Händen aus, damit es passt. Mit Plastikfolie abdecken und etwa 1 Stunde gehen lassen, bis sich das Volumen verdoppelt hat.

5. Stellen Sie den Rost in die Mitte des Ofens. Heizen Sie den Ofen auf 425 °F vor. Drücken Sie den Teig mit den Fingerspitzen fest an, sodass auf der gesamten Oberfläche Grübchen im Abstand von etwa 2,5 cm entstehen. Mit 3 EL Öl beträufeln. Mit Meersalz bestreuen. 25 bis 30 Minuten backen oder bis es knusprig und goldbraun ist.

6. Schieben Sie die Focaccia auf ein Gitter, um sie etwas abzukühlen. In Quadrate oder Rechtecke schneiden und warm servieren.

Fladenbrot mit sonnengetrockneten Tomaten

Focaccia di Pomodori Secchi

Ergibt 8 bis 10 Portionen

Für diese Focaccia in freier Form eignen sich feuchte, marinierte, sonnengetrocknete Tomaten. Wenn Sie nur getrocknete Tomaten haben, die nicht rekonstituiert sind, weichen Sie sie einfach einige Minuten in warmem Wasser ein, bis sie prall sind.

1 Teelöffel aktive Trockenhefe

1 Tasse warmes Wasser (100 bis 110 °F)

Etwa 3 Tassen ungebleichtes Allzweckmehl

1 Teelöffel Salz

4 Esslöffel natives Olivenöl extra

8 bis 10 Stück marinierte, sonnengetrocknete Tomaten, abgetropft und in Viertel geschnitten

Eine Prise getrockneter Oregano, zerbröselt

1. Streuen Sie die Hefe über das Wasser. Etwa 2 Minuten stehen lassen, bis die Hefe cremig ist. Rühren, bis sich die Hefe aufgelöst hat. 2 Esslöffel Öl hinzufügen.

2. In einer großen Schüssel Mehl und Salz verrühren. Die Hefemischung hinzufügen und mit einem Holzlöffel verrühren, bis ein weicher Teig entsteht.

3. Den Teig auf eine leicht bemehlte Fläche stürzen. Kneten Sie den Teig etwa 10 Minuten lang, bis er glatt und elastisch ist, und fügen Sie nach Bedarf mehr Mehl hinzu, um einen feuchten, leicht klebrigen Teig zu erhalten. (Oder bereiten Sie den Teig in einem Hochleistungsmixer, einer Küchenmaschine oder einer Brotmaschine gemäß den Anweisungen des Herstellers zu.) Formen Sie den Teig zu einer Kugel.

4. Das Innere einer großen Schüssel einölen. Den Teig dazugeben und einmal wenden, um die Oberseite einzuölen. Mit Frischhaltefolie abdecken und an einem warmen, zugfreien Ort etwa 1 1/2 Stunden gehen lassen, bis sich die Masse verdoppelt hat.

5. Ein großes Backblech oder eine runde 30 cm große Pizzaform einölen. Legen Sie den Teig auf die Pfanne. Ölen Sie Ihre Hände ein und drücken Sie den Teig zu einem 12-Zoll-Kreis flach. Mit

Frischhaltefolie abdecken und etwa 45 Minuten gehen lassen, bis sich das Volumen verdoppelt hat.

6. Stellen Sie den Ofenrost in die Mitte des Ofens. Heizen Sie den Ofen auf 450 °F vor. Mit den Fingerspitzen etwa 2,5 cm große Vertiefungen in den Teig formen. In jede Vertiefung ein Stück Tomate drücken. Mit den restlichen 2 Esslöffeln Olivenöl beträufeln und mit den Fingern verteilen. Mit dem Oregano bestreuen. 25 Minuten backen oder bis es goldbraun ist.

7. Die Focaccia auf ein Schneidebrett schieben und in Quadrate schneiden. Warm servieren.

Römisches Kartoffelfladenbrot

Pizza di Patate

Ergibt 8 bis 10 Portionen

Während die Römer viel Pizza mit den typischen Belägen essen, ist ihre erste Liebe Pizza Bianca, „weiße Pizza", ein langes, rechteckiges Fladenbrot, ähnlich der Focaccia nach Genua-Art, nur knuspriger und holpriger. Pizza Bianca wird normalerweise nur mit Salz und Olivenöl belegt, obwohl auch diese Variante mit dünn geschnittenen knusprigen Kartoffeln beliebt ist.

1 Umschlag (2 1/2 Teelöffel) aktive Trockenhefe oder 2 Teelöffel Instanthefe

1 Tasse warmes Wasser (100 bis 110 °F)

Etwa 3 Tassen ungebleichtes Allzweckmehl

1 Teelöffel Salz und mehr für die Kartoffeln

6 Esslöffel Olivenöl

1 Pfund gelbfleischige Kartoffeln, z. B. Yukon Gold, geschält und in sehr dünne Scheiben geschnitten

Frisch gemahlener schwarzer Pfeffer

1. Streuen Sie die Hefe über das Wasser. Etwa 2 Minuten stehen lassen, bis die Hefe cremig ist. Rühren, bis sich die Hefe aufgelöst hat.

2. In einer großen Schüssel 3 Tassen Mehl und 1 Teelöffel Salz vermischen. Die Hefemischung und 2 Esslöffel Öl hinzufügen. Mit einem Holzlöffel rühren, bis ein weicher Teig entsteht. Den Teig auf eine leicht bemehlte Arbeitsfläche geben und etwa 10 Minuten lang kneten, bis er glatt und elastisch ist. Bei Bedarf mehr Mehl hinzufügen, um einen feuchten, aber nicht klebrigen Teig zu erhalten. (Oder bereiten Sie den Teig in einem Hochleistungsmixer, einer Küchenmaschine oder einer Brotmaschine gemäß den Anweisungen des Herstellers zu.)

3. Das Innere einer großen Schüssel einölen. Den Teig dazugeben und einmal wenden, um die Oberseite einzuölen. Mit Plastikfolie abdecken. An einem warmen, zugfreien Ort etwa 1 1/2 Stunden gehen lassen, bis sich die Masse verdoppelt hat.

4. Eine 15 × 10 × 1 Zoll große Pfanne einölen. Den Teig vorsichtig flach drücken und in die Form geben. Dehnen Sie den Teig und klopfen Sie ihn aus, damit er in die Form passt. Mit Frischhaltefolie abdecken und etwa 45 Minuten gehen lassen, bis sich das Volumen verdoppelt hat.

5. Stellen Sie den Rost in die Mitte des Ofens. Heizen Sie den Ofen auf 425 °F vor. In einer Schüssel die Kartoffeln mit den restlichen 4 Esslöffeln Olivenöl und Salz und Pfeffer abschmecken. Legen Sie die Scheiben leicht überlappend auf den Teig.

6. 30 Minuten backen. Erhöhen Sie die Hitze auf 450 °F. Weitere 10 Minuten backen oder bis die Kartoffeln weich und gebräunt sind. Die Pizza auf ein Brett schieben und in Quadrate schneiden. Heiß servieren.

Grillbrote aus der Emilia-Romagna

Piadine

Ergibt 8 Brote

Piadina ist ein in der Emilia-Romagna beliebtes rundes Fladenbrot, das auf der Grillplatte oder auf dem Stein gebacken wird. In den Strandorten entlang der Adriaküste stehen im Sommer an den Straßenecken bunt gestreifte Stoffstände. Gegen Mittag sind die Stände geöffnet und die in Uniform gekleideten Bediener rollen und backen Piadine nach Wunsch auf flachen Grillplatten. Die heißen Piadine haben einen Durchmesser von etwa 25 cm und werden in zwei Hälften gefaltet und dann mit Käse, geschnittenem Prosciutto, Salami oder sautiertem Gemüse (z. BEskariole mit Knoblauch) und wie Sandwiches gegessen.

Obwohl Piadine normalerweise aus Schmalz zubereitet werden, verwende ich stattdessen Olivenöl, da frisches Schmalz nicht immer verfügbar ist. Als Antipasti oder Snack Piadine in Spalten schneiden.

3 1/2 Tassen ungebleichtes Allzweckmehl

1 Teelöffel Salz

1 Teelöffel Backpulver

1 Tasse warmes Wasser

¼ Tasse frisches Schmalz, geschmolzen und abgekühlt, oder Olivenöl

Gekochtes Gemüse, Aufschnitt oder Käse

1. In einer großen Schüssel Mehl, Salz und Backpulver verrühren. Wasser und Schmalz oder Öl hinzufügen. Mit einem Holzlöffel rühren, bis ein weicher Teig entsteht. Kratzen Sie den Teig auf eine leicht bemehlte Oberfläche und kneten Sie den Teig kurz, bis er glatt ist. Den Teig zu einer Kugel formen. Mit einer umgedrehten Schüssel abdecken und 30 Minuten bis 1 Stunde ruhen lassen.

2. Den Teig in 8 gleichmäßige Stücke schneiden. Lassen Sie die restlichen Stücke bedeckt und rollen Sie ein Stück Teig zu einem 20 cm großen Kreis aus. Wiederholen Sie den Vorgang mit dem restlichen Teig und stapeln Sie die Kreise mit jeweils einem Stück Wachspapier dazwischen.

3. Den Ofen auf 250°F vorheizen. Erhitzen Sie bei mittlerer Hitze eine große beschichtete Pfanne oder Pfannkuchenplatte, bis sie sehr heiß ist und ein Tropfen Wasser brutzelt und schnell verschwindet, wenn er die Oberfläche berührt. Einen Kreis Teig auf die Oberfläche legen und 30 bis 60 Sekunden backen, oder bis die Piadina fester wird und goldbraun wird. Den Teig

wenden und weitere 30 bis 60 Sekunden backen, oder bis er auf der anderen Seite schön gebräunt ist.

4. Die Piadina in Folie einwickeln und im Ofen warm halten, während die restlichen Teigkreise auf die gleiche Weise gebacken werden.

5. Zum Servieren Gemüse oder Schinken-, Salami- oder Käsescheiben auf eine Seite einer Piadina legen. Falten Sie die Piadina über die Füllung und essen Sie sie wie ein Sandwich.

Grissini

Grissini

Ergibt etwa 6 Dutzend Grissini

Eine Nudelmaschine mit Fettuccine-Schneider kann auch lange, dünne Grissini, sogenannte Grissini, herstellen. (Ich gebe auch Anweisungen, wenn Sie den Grissini-Teig von Hand schneiden möchten oder müssen.) Variieren Sie den Geschmack, indem Sie dem Teig gemahlenen schwarzen Pfeffer oder getrocknete Kräuter wie gehackten Rosmarin, Thymian oder Oregano hinzufügen.

1 Umschlag (2 1/2 Teelöffel) aktive Trockenhefe oder 2 Teelöffel Instanthefe

1 Tasse warmes Wasser (100 bis 110 °F)

2 Esslöffel natives Olivenöl extra

Etwa 2 1/2 Tassen ungebleichtes Allzweckmehl oder Brotmehl

1 Teelöffel Salz

2 Esslöffel gelbes Maismehl

1. In einer großen Schüssel die Hefe über das Wasser streuen. Etwa 2 Minuten stehen lassen, bis die Hefe cremig ist. Rühren, bis sich die Hefe aufgelöst hat.

2. Das Olivenöl einrühren. Fügen Sie 2 1/2 Tassen Mehl und Salz hinzu. Rühren, bis ein weicher Teig entsteht.

3. Kneten Sie den Teig auf einer leicht bemehlten Arbeitsfläche etwa 10 Minuten lang, bis er fest und elastisch ist, und fügen Sie nach Bedarf weiteres Mehl hinzu, um einen nicht klebrigen Teig zu erhalten. (Oder bereiten Sie den Teig in einem Hochleistungsmixer, einer Küchenmaschine oder einer Brotmaschine gemäß den Anweisungen des Herstellers zu.)

4. Das Innere einer großen Schüssel einölen. Geben Sie den Teig in die Schüssel und drehen Sie ihn einmal, um die Oberseite einzuölen. Mit Frischhaltefolie abdecken und an einem warmen, zugfreien Ort etwa 1 1/2 Stunden gehen lassen, bis sich die Masse verdoppelt hat.

5. Stellen Sie zwei Roste in die Mitte des Ofens. Heizen Sie den Ofen auf 350 °F vor. Bestreuen Sie zwei große Backbleche mit Maismehl.

6. Den Teig kurz durchkneten, um Luftblasen zu entfernen. Den Teig in 6 Stücke teilen. Ein Stück Teig zu einem 5 × 4 × 1/4 Zoll großen Oval flach drücken. Bestäuben Sie es mit zusätzlichem Mehl, damit es nicht klebrig wird. Den restlichen Teig abgedeckt aufbewahren.

7.Führen Sie ein kurzes Ende des Teigs in den Fettuccine-Schneider einer Nudelmaschine ein und schneiden Sie den Teig in 1/4-Zoll-Streifen. Um den Teig von Hand zu schneiden, drücken Sie ihn mit einem Nudelholz auf einem Schneidebrett flach. Mit einem großen, schweren, in Mehl getunkten Messer in 1/4-Zoll-Streifen schneiden.

8.Ordnen Sie die Streifen im Abstand von 1/2 Zoll auf einem der vorbereiteten Backbleche an. Mit dem restlichen Teig wiederholen. 20 bis 25 Minuten backen oder bis es leicht gebräunt ist, dabei die Pfannen nach etwa der Hälfte der Backzeit drehen.

9.In Pfannen auf Gitterrosten abkühlen lassen. In einem luftdichten Behälter bis zu 1 Monat lagern.

Fenchelringe

Taralli al Finocchio

Ergibt 3 Dutzend Ringe

Taralli sind knusprige, ringförmige Brotstangen. Sie können einfach mit Olivenöl oder mit zerstoßenem rotem Pfeffer, schwarzem Pfeffer, Oregano oder anderen Kräutern gewürzt werden und sind in ganz Süditalien beliebt. Es gibt auch süße Taralli, die sich gut zum Eintauchen in Wein oder zum Kaffee eignen. Taralli können nur einen Nickel oder mehrere Zentimeter groß sein, sind aber immer hart und knusprig. Ich serviere sie gerne mit Wein und Käse.

1 Umschlag (2 1/2 Esslöffel) aktive Trockenhefe oder 2 Teelöffel Instanthefe

1/4 Tasse warmes Wasser (100 bis 110 °F)

1 Tasse ungebleichtes Allzweckmehl

1 Tasse Grießmehl

1 Esslöffel Fenchelsamen

1 Teelöffel Salz

1/3 Tasse trockener Weißwein

¼ Tasse Olivenöl

1. Streuen Sie die Hefe in einem Messbecher über das Wasser. Etwa 2 Minuten stehen lassen, bis die Hefe cremig ist. Rühren, bis sich die Hefe aufgelöst hat.

2. In einer großen Schüssel die beiden Mehlsorten, den Fenchel und das Salz verrühren. Hefemischung, Wein und Öl hinzufügen. Rühren, bis ein weicher Teig entsteht, etwa 2 Minuten. Kratzen Sie den Teig auf eine leicht bemehlte Oberfläche und kneten Sie ihn etwa 10 Minuten lang, bis er glatt und elastisch ist. Den Teig zu einer Kugel formen.

3. Das Innere einer großen Schüssel einölen. Geben Sie den Teig in die Schüssel und drehen Sie ihn einmal, um die Oberseite einzuölen. Abdecken und an einem warmen, zugfreien Ort etwa 1 Stunde gehen lassen, bis sich die Masse verdoppelt hat.

4. Teilen Sie den Teig in Drittel und dann jedes Drittel in zwei Hälften, sodass 6 gleichmäßige Stücke entstehen. Den Rest mit einer umgedrehten Schüssel abdecken und ein Stück in sechs gleichmäßige Stücke schneiden. Rollen Sie die Stücke in 10 cm lange Stücke aus. Formen Sie jeweils einen Ring und drücken Sie die Enden zusammen, um sie zu verschließen. Mit dem restlichen Teig wiederholen.

5. Legen Sie mehrere fusselfreie Küchentücher bereit. Füllen Sie eine große Pfanne zur Hälfte mit Wasser. Bringen Sie das Wasser zum Kochen. Fügen Sie die Teigringe nach und nach hinzu. (Überfüllen Sie sie nicht.) 1 Minute kochen lassen oder bis die Ringe an die Oberfläche steigen. Entfernen Sie die Ringe mit einem Schaumlöffel und legen Sie sie zum Abtropfen auf die Küchentücher. Mit dem restlichen Teig wiederholen.

6. Stellen Sie zwei Roste in die Mitte des Ofens. Heizen Sie den Ofen auf 350 °F vor. Ordnen Sie die Teigringe mit einem Zentimeter Abstand auf zwei großen, ungefetteten Backblechen an. Etwa 45 Minuten lang goldbraun backen, dabei die Pfannen nach etwa der Hälfte der Zeit wenden. Schalten Sie den Ofen aus und öffnen Sie die Tür leicht. Lassen Sie die Ringe 10 Minuten im Ofen abkühlen.

7. Übertragen Sie die Ringe zum Abkühlen auf Drahtgitter. In einem luftdichten Behälter bis zu 1 Monat lagern.

Ringe aus Mandeln und schwarzem Pfeffer

Taralli con le Mandorle

Ergibt 32 Ringe

Immer wenn ich nach Neapel fahre, ist einer meiner ersten Stopps die Bäckerei, um eine große Tüte dieser knusprigen Brotringe zu kaufen. Sie sind aromatischer als Brezeln oder andere Snacks und eignen sich perfekt zum Knabbern vor oder zu den Mahlzeiten. Die Neapolitaner bereiten sie mit Schweineschmalz zu, was ihnen einen wunderbaren Geschmack und eine zartschmelzende Konsistenz verleiht, sie lassen sich aber auch hervorragend mit Olivenöl zubereiten. Diese halten sich gut und sind schön, wenn man sie als Gesellschaft zur Hand hat.

1 Umschlag (2 1/2 Esslöffel) aktive Trockenhefe oder 2 Teelöffel Instanthefe

1 Tasse warmes Wasser (100 bis 110 °F)

1/2 Tasse Schweineschmalz, geschmolzen und abgekühlt, oder Olivenöl

3 1/2 Tassen ungebleichtes Allzweckmehl

2 Teelöffel Salz

2 Teelöffel frisch gemahlener schwarzer Pfeffer

1 Tasse Mandeln, fein gehackt

1. Streuen Sie die Hefe über das Wasser. Etwa 2 Minuten stehen lassen, bis die Hefe cremig ist. Rühren, bis sich die Hefe aufgelöst hat.

2. In einer großen Schüssel Mehl, Salz und Pfeffer vermischen. Hefemischung und Schmalz unterrühren. Rühren, bis ein weicher Teig entsteht. Den Teig auf eine leicht bemehlte Fläche geben und etwa 10 Minuten lang kneten, bis er glatt und elastisch ist. Mandeln unterkneten.

3. Den Teig zu einer Kugel formen. Decken Sie den Teig mit einer umgedrehten Schüssel ab und lassen Sie ihn an einem warmen Ort etwa 1 Stunde lang gehen, bis er sich verdoppelt hat.

4. Stellen Sie 2 Roste in die Mitte des Ofens. Heizen Sie den Ofen auf 350 °F vor. Drücken Sie den Teig nach unten, um die Luftblasen zu entfernen. Den Teig halbieren, dann jede Hälfte noch einmal halbieren, dann jedes Viertel halbieren, sodass 8 gleichmäßige Stücke entstehen. Lassen Sie den restlichen Teig bedeckt und teilen Sie 1 Stück in 4 gleichmäßige Stücke. Rollen Sie jedes Stück zu einem 15 cm langen Seil. Drehen Sie jedes Seil dreimal, formen Sie es dann zu einem Ring und drücken Sie die Enden zusammen, um es abzudichten. Legen Sie die Ringe im

Abstand von 2,5 cm auf zwei ungefettete Backbleche. Mit dem restlichen Teig wiederholen.

5. Backen Sie die Ringe 1 Stunde lang oder bis sie gebräunt und knusprig sind, und drehen Sie dabei die Pfannen nach etwa der Hälfte der Zeit. Schalten Sie den Herd aus und lassen Sie die Ringe 1 Stunde lang im Ofen abkühlen und trocknen.

6. Aus dem Ofen nehmen und zum vollständigen Abkühlen auf Gitterroste legen. In einem luftdichten Behälter bis zu 1 Monat lagern.

Hausgemachte Pizza

Pizza di Casa

Ergibt 6 bis 8 Portionen

Wenn Sie ein Haus in Süditalien besuchen, wird Ihnen diese Pizzasorte serviert. Es ist ganz anders als der runde Pizzeria-Kuchen.

Eine selbstgemachte Pizza ist etwa 3/4 Zoll dick, wenn sie in einer großen Pfanne gebacken wird. Da die Pfanne geölt ist, wird der Boden knusprig. Sie wird nur mit einer leichten Prise geriebenem Käse gebacken und nicht mit Mozzarella, der zu zäh werden würde, wenn die Pizza, was oft der Fall ist, bei Zimmertemperatur serviert würde. Diese Pizzasorte verträgt das Aufwärmen gut.

Probieren Sie diesen Kuchen mit einer Wurst- oder Pilzsauce und fügen Sie Mozzarella oder einen anderen schmelzenden Käse hinzu, wenn Sie ihn gleich nach dem Backen essen möchten.

Teig

1 Umschlag (2 1/2 Esslöffel) aktive Trockenhefe oder 2 Teelöffel Instanthefe

1 1/4 Tassen warmes Wasser (100° bis 110°F)

Etwa 3 1/2 Tassen ungebleichtes Allzweckmehl

2 Teelöffel Salz

2 Esslöffel Olivenöl

Belag

1 Rezept (ca. 3 Tassen)Pizzaiola-Sauce

½ Tasse frisch geriebener Pecorino Romano

Olivenöl

1. Den Teig vorbereiten: Die Hefe über das Wasser streuen. Etwa 2 Minuten stehen lassen, bis die Hefe cremig ist. Rühren, bis sich die Hefe aufgelöst hat.

2. In einer großen Schüssel 3,5 Tassen Mehl und Salz vermischen. Die Hefemischung und das Olivenöl hinzufügen. Mit einem Holzlöffel verrühren, bis ein weicher Teig entsteht. Den Teig auf eine leicht bemehlte Arbeitsfläche geben und etwa 10 Minuten lang kneten, bis er glatt und elastisch ist. Bei Bedarf mehr Mehl hinzufügen, um einen feuchten, aber nicht klebrigen Teig zu erhalten. (Oder bereiten Sie den Teig in einem Hochleistungsmixer, einer Küchenmaschine oder einer Brotmaschine gemäß den Anweisungen des Herstellers zu.)

3. Eine große Schüssel leicht mit Öl bestreichen. Geben Sie den Teig in die Schüssel und drehen Sie ihn einmal, um die Oberseite einzuölen. Mit Plastikfolie abdecken. An einen warmen, zugfreien Ort stellen und etwa 1 1/2 Stunden gehen lassen, bis sich das Volumen verdoppelt hat.

4. Stellen Sie einen Rost in die Mitte des Ofens. Eine 15 × 10 × 1 Zoll große Jelly Roll-Pfanne einölen. Den Teig vorsichtig flach drücken. Legen Sie den Teig in die Mitte der Form und dehnen Sie ihn aus, bis er passt. Decken Sie es mit Plastikfolie ab und lassen Sie es etwa 45 Minuten gehen, oder bis es geschwollen ist und sein Volumen fast verdoppelt hat.

5. Während der Teig in der Pfanne aufgeht, bereiten Sie die Soße zu. Heizen Sie den Ofen auf 450 °F vor. Drücken Sie mit den Fingerspitzen fest auf den Teig, sodass auf der gesamten Oberfläche in Abständen von 2,5 cm Vertiefungen entstehen. Verteilen Sie die Soße auf dem Teig und lassen Sie dabei rundherum einen 1/2-Zoll-Rand frei. 20 Minuten backen.

6. Mit dem Käse bestreuen. Mit Öl beträufeln. Die Pizza wieder in den Ofen schieben und 5 Minuten backen, oder bis der Käse geschmolzen und die Kruste gebräunt ist. In Quadrate schneiden und heiß oder bei Zimmertemperatur servieren.

Pizzateig nach neapolitanischer Art

Reicht für vier 9-Zoll-Pizzen

In Neapel, wo Pizzabacken eine Kunstform ist, ist der ideale Pizzaboden zäh und nur leicht knusprig, flexibel genug, dass er gefaltet werden kann, ohne dass der Boden reißt. Neapolitanische Pizzen sind weder dick und kuchenartig noch dünn und knusprig.

Um das richtige Gleichgewicht mit der in den USA erhältlichen Mehlsorte zu erreichen, ist eine Kombination aus weichem Kuchenmehl mit niedrigem Glutengehalt und härterem Allzweckmehl mit höherem Glutengehalt erforderlich. Für eine knusprigere Kruste erhöhen Sie die Menge an Allzweckmehl und verringern proportional die Menge an Kuchenmehl. Brotmehl, das sehr viel Gluten enthält, würde die Pizzakruste zu hart machen.

Pizzateig kann in einem leistungsstarken Elektromixer, einer Küchenmaschine oder sogar in einer Brotmaschine gemischt und geknetet werden. Für eine echte Pizzeria-Struktur backen Sie die Kuchen direkt auf einem Backstein oder unglasierten Steinbruchfliesen, die im Kochgeschirrhandel erhältlich sind.

Dieses Rezept reicht für vier Pizzen. In Neapel bekommt jeder seine eigene Pizza, aber da es schwierig ist, mehr als einen Kuchen auf einmal im heimischen Ofen zu backen, schneide ich jeden Kuchen zum Servieren in Stücke.

1 Teelöffel aktive Trockenhefe oder Instanthefe

1 Tasse warmes Wasser (100 bis 110 °F)

1 Tasse einfaches Kuchenmehl (nicht selbstaufgehend)

Etwa 3 Tassen ungebleichtes Allzweckmehl

2 Teelöffel Salz

1. Streuen Sie die Hefe über das Wasser. Etwa 2 Minuten stehen lassen, bis die Hefe cremig ist. Rühren, bis sich die Hefe aufgelöst hat.

2. In einer großen Schüssel die beiden Mehle und das Salz vermischen. Die Hefemischung dazugeben und verrühren, bis ein weicher Teig entsteht. Den Teig auf eine leicht bemehlte Arbeitsfläche geben und etwa 10 Minuten lang kneten, bis er glatt und elastisch ist. Bei Bedarf mehr Mehl hinzufügen, um einen feuchten, aber nicht klebrigen Teig zu erhalten. (Oder bereiten Sie den Teig in einem Hochleistungsmixer, einer Küchenmaschine oder einer Brotmaschine gemäß den Anweisungen des Herstellers zu.)

3. Den Teig zu einer Kugel formen. Legen Sie es auf eine bemehlte Oberfläche und decken Sie es mit einer umgedrehten Schüssel ab. Etwa 1 1/2 Stunden bei Raumtemperatur gehen lassen, bis sich die Temperatur verdoppelt hat.

4. Den Teig aufdecken und die Luftblasen herausdrücken. Schneiden Sie den Teig je nach Größe der Pizza, die Sie zubereiten möchten, in zwei Hälften oder Viertel. Aus jedem Stück eine Kugel formen. Legen Sie die Kugeln im Abstand von einigen Zentimetern auf eine bemehlte Oberfläche und bedecken Sie sie mit einem Handtuch oder einer Plastikfolie. 1 Stunde gehen lassen oder bis sich das Volumen verdoppelt hat.

5. Bestäuben Sie Ihre Arbeitsfläche leicht mit Mehl. Klopfen und strecken Sie ein Stück Teig zu einem 9 bis 12 Zoll großen Kreis mit einer Dicke von etwa 1/4 Zoll. Lassen Sie den Teigrand etwas dicker.

6. Einen Pizzaschieber oder ein randloses Backblech großzügig mit Mehl bestäuben. Legen Sie den Teigkreis vorsichtig auf die Schale. Schütteln Sie die Schale, um sicherzustellen, dass der Teig nicht klebt. Wenn dies der Fall ist, heben Sie den Teig an und geben Sie mehr Mehl in die Schale. Der Teig kann nun nach Ihrem Rezept belegt und gebacken werden.

Pizza mit Mozzarella, Tomaten und Basilikum

Pizza Margherita

Für vier 9-Zoll-Pizzen oder zwei 12-Zoll-Pizzen

Die Neapolitaner nennen diese klassische Pizza – zubereitet aus Mozzarella, einfacher Tomatensauce und Basilikum – Pizza Margherita, zu Ehren einer schönen Königin, die im 19. Jahrhundert Pizza genoss.

1 RezeptNeapolitanischer Pizzateig, vorbereitet durch Schritt 6

2 1/2 TassenMarinara-Sauce, bei Raumtemperatur

12 Unzen frischer Mozzarella, in dünne Scheiben geschnitten

Frisch geriebener Parmigiano-Reggiano, optional

Natives Olivenöl extra

8 frische Basilikumblätter

1. Bereiten Sie bei Bedarf den Teig und die Soße vor. Legen Sie dann 30 bis 60 Minuten vor dem Backen einen Pizzastein, unglasierte Steinplatten oder ein Backblech auf einen Rost in der untersten Ebene des Ofens. Schalten Sie den Ofen auf die maximale Temperatur ein – 500° oder 550°F.

2. Bestreichen Sie den Teig mit einer dünnen Schicht Soße und lassen Sie rundherum einen Rand von 1/2 Zoll frei. Den Mozzarella darauf verteilen und ggf. mit geriebenem Käse bestreuen.

3. Öffnen Sie den Ofen und schieben Sie den Teig vorsichtig von der Schale, indem Sie ihn leicht zur Rückseite des Steins neigen und ihn vorsichtig nach vorne und dann nach hinten schütteln. Backen Sie die Pizza 6 bis 7 Minuten lang oder bis die Kruste knusprig und gebräunt ist.

4. Auf ein Schneidebrett geben und mit etwas nativem Olivenöl extra beträufeln. 2 Basilikumblätter in Stücke reißen und über die Pizza streuen. In Spalten schneiden und sofort servieren. Aus den restlichen Zutaten weitere Pizzen auf die gleiche Art und Weise zubereiten.

Variation: Belegen Sie die gebackene Pizza mit gehacktem frischem Rucola und geschnittenem Prosciutto.

Pizza mit Tomaten, Knoblauch und Oregano

Pizza Marinara

Für vier 9-Zoll- oder zwei 12-Zoll-Pizzen

Obwohl es in Neapel viele verschiedene Pizzasorten gibt, genehmigt der offizielle neapolitanische Pizzabäckerverband nur zwei Pizzasorten als autentico, also als echt.Pizza mit Mozzarella, Tomaten und Basilikum, benannt nach einer geliebten Königin, ist das eine, und das andere ist Pizza Marinara, die trotz ihres Namens (marinara bedeutet „vom Seemann") ohne Meeresfrüchte zubereitet wird. Wenn Sie diese Art von Pizza jedoch in Rom statt in Neapel bestellen, werden wahrscheinlich Sardellen darauf sein.

Pizzateig nach neapolitanischer Art, vorbereitet durch Schritt 6

2 1/2 TassenMarinara-Sauce, bei Raumtemperatur

1 Dose Sardellen, abgetropft (optional)

Getrockneter Oregano, zerbröckelt

3 Knoblauchzehen, in dünne Scheiben geschnitten

Natives Olivenöl extra

1. Bereiten Sie bei Bedarf den Teig und die Soße vor. Legen Sie dann 30 bis 60 Minuten vor dem Backen einen Pizzastein, unglasierte Steinbruchfliesen oder ein Backblech auf einen Rost in der untersten Ebene des Ofens. Schalten Sie den Ofen auf die maximale Temperatur ein – 500° oder 550°F.

2. Bestreichen Sie den Teig mit einer dünnen Schicht Soße und lassen Sie rundherum einen Rand von 1/2 Zoll frei. Die Sardellen darauf verteilen. Mit Oregano bestreuen und den Knoblauch darüber streuen.

3. Öffnen Sie den Ofen und schieben Sie den Teig vorsichtig von der Schale, indem Sie ihn zur Rückseite des Steins neigen und ihn vorsichtig nach vorne und dann nach hinten schütteln. Backen Sie die Pizza 6 bis 7 Minuten lang oder bis die Kruste knusprig und gebräunt ist.

4. Auf ein Schneidebrett geben und mit etwas nativem Olivenöl extra beträufeln. In Spalten schneiden und sofort servieren. Aus den restlichen Zutaten weitere Pizzen backen.

Belegen Sie diese Pizza vor dem Backen mit dünn geschnittenen Peperoni und abgetropften, eingelegten Peperoni.

Pizza mit Waldpilzen

Pizza alla Boscaiola

Ergibt vier 9-Zoll-Pizzen

Im Piemont gingen befreundete Winzer mit meinem Mann und mir in eine Pizzeria, die ein Mann aus Neapel eröffnet hatte. Er bereitete uns eine Pizza mit zwei lokalen Zutaten zu: Fontina Valle d'Aosta, einem samtigen Kuhmilchkäse, und frischen Steinpilzen. Der Käse schmolz wunderbar und ergänzte den holzigen Geschmack der Pilze. Obwohl frische Steinpilze in den Vereinigten Staaten schwer zu bekommen sind, ist diese Pizza immer noch gut, wenn man sie mit anderen Pilzsorten zubereitet.

Pizzateig nach neapolitanischer Art, vorbereitet durch Schritt 6

3 Esslöffel natives Olivenöl extra

1 Knoblauchzehe, in dünne Scheiben geschnitten

1 Pfund verschiedene Pilze, wie weiße Pilze, Shiitake-Pilze und Austernpilze (oder verwenden Sie nur weiße Pilze), geputzt und in Scheiben geschnitten

1/2 Teelöffel gehackter frischer Thymian oder eine Prise getrockneter Thymian, zerkrümelt

Salz und frisch gemahlener schwarzer Pfeffer

2 Esslöffel gehackte frische glatte Petersilie

8 Unzen Fontina Valle d'Aosta, Asiago oder Mozzarella, in dünne Scheiben geschnitten

1. Bereiten Sie bei Bedarf den Teig vor. Legen Sie dann 30 bis 60 Minuten vor dem Backen einen Pizzastein, unglasierte Steinbruchfliesen oder ein Backblech auf einen Rost in der untersten Ebene des Ofens. Schalten Sie den Ofen auf die maximale Temperatur ein – 500° oder 550°F.

2. In einer großen Pfanne das Öl mit dem Knoblauch bei mittlerer Hitze erhitzen. Fügen Sie die Pilze, den Thymian sowie Salz und Pfeffer nach Geschmack hinzu und kochen Sie unter häufigem Rühren etwa 15 Minuten lang, bis der Pilzsaft verdunstet und die Pilze gebräunt sind. Petersilie unterrühren und vom Herd nehmen.

3. Verteilen Sie die Käsescheiben auf dem Teig und lassen Sie dabei rundherum einen 2,5 cm breiten Rand frei. Mit den Pilzen belegen.

4. Öffnen Sie den Ofen und schieben Sie den Teig vorsichtig von der Schale, indem Sie ihn in Richtung des Steins neigen und ihn

vorsichtig hin und her schütteln. Backen Sie die Pizza 6 bis 7 Minuten lang oder bis die Kruste knusprig und gebräunt ist. Mit etwas nativem Olivenöl extra beträufeln.

5. Auf ein Schneidebrett geben und mit etwas nativem Olivenöl extra beträufeln. In Spalten schneiden und sofort servieren. Aus den restlichen Zutaten weitere Pizzen backen.

Calzoni

Ergibt 4 Calzoni

In den Straßen von Spaccanapoli, dem alten Teil von Neapel, könnten Sie das Glück haben, einem Straßenhändler zu begegnen, der Calzoni herstellt. Das Wort bedeutet „große Socke" und ist eine treffende Beschreibung dieses gefüllten Gebäcks. Eine Calzone besteht aus einem Kreis aus Pizzateig, der wie ein Umschlag um die Füllung herum gefaltet ist. Straßenverkäufer braten sie in großen Töpfen mit kochendem Öl, die über tragbaren Öfen stehen. In Pizzerien werden normalerweise Calzoni gebacken.

1 Umschlag (2 1/2 Teelöffel) aktive Trockenhefe oder 2 Teelöffel Instanthefe

1 1/3 Tassen warmes Wasser (100 bis 110 °F)

Etwa 3 1/2 Tassen ungebleichtes Allzweckmehl

2 Teelöffel Salz

2 Esslöffel Olivenöl und etwas mehr zum Bestreichen der Oberfläche

Füllung

1 Pfund Ricotta aus Vollmilch oder teilentrahmter Milch

8 Unzen frischer Mozzarella, gehackt

4 Unzen Prosciutto, Salami oder Schinken, gehackt

½ Tasse frisch geriebener Parmigiano-Reggiano

1. In einer großen Schüssel die Hefe über das Wasser streuen. Etwa 2 Minuten stehen lassen, bis die Hefe cremig ist. Rühren, bis sich die Hefe aufgelöst hat.

2. Fügen Sie 3 1/2 Tassen Mehl, das Salz und die 2 Esslöffel Olivenöl hinzu. Mit einem Holzlöffel verrühren, bis ein weicher Teig entsteht. Den Teig auf eine leicht bemehlte Arbeitsfläche geben und etwa 10 Minuten lang kneten, bei Bedarf noch mehr Mehl hinzufügen, bis er glatt und elastisch ist.

3. Eine große Schüssel leicht mit Öl bestreichen. Geben Sie den Teig in die Schüssel und drehen Sie ihn, um die Oberseite einzuölen. Mit Plastikfolie abdecken. An einen warmen, zugfreien Ort stellen und etwa 1 1/2 Stunden gehen lassen, bis sich die Masse verdoppelt hat.

4. Den Teig mit der Faust flach drücken. Den Teig in 4 Stücke schneiden. Aus jedem Stück eine Kugel formen. Legen Sie die Kugeln im Abstand von einigen Zentimetern auf eine leicht bemehlte Oberfläche. Locker mit Plastikfolie abdecken und ca. 1 Stunde gehen lassen, bis sich die Masse verdoppelt hat.

5. In der Zwischenzeit die Zutaten für die Füllung gut verrühren.

6. Stellen Sie zwei Roste in die Mitte des Ofens. Heizen Sie den Ofen auf 425 °F vor. 2 große Backbleche einölen.

7. Rollen Sie auf einer leicht bemehlten Oberfläche mit einem Nudelholz ein Stück Teig zu einem 9-Zoll-Kreis aus. Geben Sie ein Viertel der Füllung auf die Hälfte des Kreises und lassen Sie zum Verschließen einen Rand von 1/2 Zoll frei. Den Teig so falten, dass er die Füllung umschließt, dabei die Luft herausdrücken. Drücken Sie die Ränder fest zusammen, um sie zu versiegeln. Anschließend den Rand umklappen und erneut verschließen. Legen Sie die Calzone auf eines der Backbleche. Wiederholen Sie den Vorgang mit dem restlichen Teig und der Füllung und platzieren Sie die Calzoni dabei einige Zentimeter voneinander entfernt.

8. Schneiden Sie oben in jede Calzone einen kleinen Schlitz, damit der Dampf entweichen kann. Die Oberseite mit Olivenöl bestreichen.

9. 35 bis 40 Minuten backen oder bis es knusprig und gebräunt ist, dabei die Pfannen nach etwa der Hälfte der Zeit drehen. Auf ein Gestell schieben und 5 Minuten abkühlen lassen. Heiß servieren.

Variation: Füllen Sie die Calzoni mit einer Kombination aus Ricotta, Ziegenkäse, Knoblauch und Basilikum oder servieren Sie Calzoni mit Tomatensauce.

Sardellenkrapfen

Crispeddi di Alici

Ergibt 12

Diese kleinen, mit Sardellen gefüllten Röllchen sind in ganz Süditalien beliebt. Crispeddi ist ein kalabrischer Name; Die Sizilianer nennen sie Fanfarichi oder einfach Pasta Fritta, „frittierter Teig". Die sizilianische Familie meines Mannes hat sie immer an Silvester gegessen, während andere Familien sie in der Fastenzeit genießen.

1 Umschlag (2 1/2 Teelöffel) aktive Trockenhefe oder 2 Teelöffel Instanthefe

1 1/3 Tassen warmes Wasser (100 bis 110 °F)

Etwa 3 1/2 Tassen ungebleichtes Allzweckmehl

2 Teelöffel Salz

1 (2 Unzen) Dose flache Sardellenfilets, abtropfen lassen und trocken tupfen

Etwa 4 Unzen Mozzarella, in 1/2 Zoll dicke Streifen geschnitten

Pflanzenöl zum Braten

1. Streuen Sie die Hefe über das Wasser. Etwa 2 Minuten stehen lassen, bis die Hefe cremig ist. Rühren, bis sich die Hefe aufgelöst hat.

2. In einer großen Schüssel 3 1/2 Tassen Mehl und das Salz vermischen. Die Hefemischung dazugeben und verrühren, bis ein weicher Teig entsteht. Den Teig auf eine leicht bemehlte Arbeitsfläche geben und etwa 10 Minuten lang kneten, bei Bedarf noch mehr Mehl hinzufügen, bis er glatt und elastisch ist.

3. Eine große Schüssel einölen. Geben Sie den Teig in die Schüssel und drehen Sie ihn einmal, um die Oberseite einzuölen. Mit Plastikfolie abdecken. An einen warmen, zugfreien Ort stellen und ca. 1 Stunde gehen lassen, bis sich die Masse verdoppelt hat.

4. Den Teig flach drücken, um Luftblasen zu entfernen. Den Teig in 12 Stücke schneiden. Legen Sie 1 Stück auf eine leicht bemehlte Oberfläche und lassen Sie die restlichen Stücke bedeckt.

5. Den Teig zu einem Kreis von etwa 5 Zoll Durchmesser ausrollen. Legen Sie ein Stück Sardelle und ein Stück Mozzarella in die Mitte des Kreises. Heben Sie die Teigränder an und drücken Sie sie um die Füllung herum zusammen, sodass eine spitze Spitze entsteht, die wie eine Tasche aussieht. Drücken Sie die Spitze flach und drücken Sie dabei die Luft heraus. Drücken Sie die

Naht zusammen, um sie fest abzudichten. Mit den restlichen Zutaten wiederholen.

6. Ein Tablett mit Papiertüchern auslegen. Gießen Sie so viel Öl in eine große, schwere Pfanne, dass eine Tiefe von 1/2 Zoll erreicht ist. Das Öl bei mittlerer Hitze erhitzen. Fügen Sie jeweils ein paar Rollen hinzu und legen Sie sie mit der Naht nach unten hin. Braten Sie die Brötchen, indem Sie sie mit der Rückseite eines Spatels flach drücken, bis sie goldbraun sind, etwa 2 Minuten auf jeder Seite. Auf Küchenpapier abtropfen lassen. Mit Salz bestreuen.

7. Restliche Brötchen ebenso frittieren. Vor dem Servieren etwas abkühlen lassen.

Notiz: *Seien Sie vorsichtig, wenn Sie hineinbeißen. Das Innere bleibt sehr heiß, während die Außenseite abkühlt.*

Tomaten- und Käseumsätze

Panzerotti Pugliese

Macht 16 Umsätze

Kleine Teigtaschen ähnlich den oben genannten Sardellenküchlein sind eine Spezialität der aus Apulien stammenden Dora Marzovilla. Sie bereitet sie jeden Tag für das Restaurant ihrer Familie, I Trulli, in New York City zu. Diese können mit oder ohne Sardellen zubereitet werden.

1 Rezept Krapfenteig (vonSardellenkrapfen)

3 Pflaumentomaten, entkernt und gehackt

Salz

4 Unzen frischer Mozzarella, in 16 Stücke geschnitten

Pflanzenöl zum Braten

1. Bereiten Sie den Teig vor. Dann die Tomaten halbieren und den Saft und die Kerne auspressen. Die Tomaten hacken und mit Salz und Pfeffer würzen.

2. Den Teig vierteln. Jedes Viertel in 4 Stücke schneiden. Lassen Sie den restlichen Teig bedeckt und rollen Sie ein Stück zu einem 10 cm großen Kreis aus. 1 Teelöffel Tomaten und ein Stück Mozzarella auf eine Seite des Kreises legen. Die andere Teighälfte über die Füllung falten, sodass ein Halbmond entsteht. Drücken Sie die Luft heraus und drücken Sie die Ränder zusammen, um sie zu verschließen. Die Ränder mit einer Gabel fest andrücken.

3. Ein Tablett mit Papiertüchern auslegen. Erhitzen Sie in einem tiefen, schweren Topf oder in einer Fritteuse mindestens 2,5 cm Öl auf einem Bratthermometer auf 160 °C oder bis ein 2,5 cm großes Stück Brot in einer Minute braun wird. Legen Sie die Teigtaschen vorsichtig nacheinander in das heiße Öl. Lassen Sie genügend Platz dazwischen, damit sie sich nicht berühren. Die Teigtaschen ein- oder zweimal wenden und etwa 2 Minuten pro Seite goldbraun backen.

4. Übertragen Sie die Teigtaschen zum Abtropfen auf die Papiertücher. Mit Salz bestreuen. Heiß servieren.

***Notiz:**Seien Sie vorsichtig, wenn Sie hineinbeißen. Das Innere bleibt sehr heiß, während die Außenseite abkühlt.*

Osterkuchen

Pizza Rustica oder Pizza Chiene

Ergibt 12 Portionen

Die meisten Süditaliener backen zu Ostern die eine oder andere Version dieses sehr reichhaltigen, herzhaften Kuchens. Einige der Kuchen werden aus Hefeteig hergestellt, andere verwenden einen gesüßten Kuchenteig. Der Füllung werden oft hartgekochte Eier hinzugefügt, und jeder Koch hat seine eigene Lieblingskombination aus Käse und Wurstwaren. So hat meine Großmutter Osterkuchen gemacht.

Pizza Rustica ist auch als Pizza Chiene (ausgesprochen „Pizza Gheen") bekannt, eine Dialektform von Pizza Ripiene, was „gefüllter" oder „voller" Kuchen bedeutet. Es wird normalerweise beim Picknick am Ostermontag gegessen, das Familien planen, um den Beginn des Frühlings zu feiern. Weil es so reichhaltig ist, reicht schon ein kleines Stück.

Kruste

4 Tassen ungebleichtes Allzweckmehl

1 1/2 Teelöffel Salz

½ Tasse festes Pflanzenfett

½ Tasse (1 Stange) ungesalzene Butter, gekühlt und in Stücke geschnitten

2 große Eier, geschlagen

3 bis 4 Esslöffel Eiswasser

Füllung

8 Unzen süße italienische Wurst, Hüllen entfernt

3 große Eier, leicht geschlagen

1 Tasse frisch geriebener Parmigiano-Reggiano oder Pecorino Romano

2 Pfund ganzer oder teilentrahmter Ricotta, über Nacht abgetropft (siehe Seitenleiste).Ricotta abtropfen lassen)

8 Unzen frischer Mozzarella, in kleine Würfel geschnitten

4 Unzen Prosciutto, in kleine Würfel geschnitten

4 Unzen gekochter Schinken, in kleine Würfel geschnitten

4 Unzen Sopressata, in kleine Würfel geschnitten

Glasur

1 Ei, leicht geschlagen

1. Bereiten Sie den Boden vor: Mehl und Salz in einer Schüssel vermischen. Schneiden Sie das Backfett und die Butter mit einem Mixer oder einer Gabel hinein, bis die Mischung großen Krümeln ähnelt. Die Eier dazugeben und verrühren, bis ein weicher Teig entsteht. Nehmen Sie etwas von der Mischung mit der Hand auf und drücken Sie sie schnell zusammen, bis sie zusammenhält. Mit dem restlichen Teig wiederholen, bis die Zutaten zusammenhalten und sich zu einer glatten Kugel formen lassen. Wenn die Mischung zu trocken und bröckelig erscheint, fügen Sie etwas Eiswasser hinzu. Den Teig in zwei Scheiben formen, eine dreimal so groß wie die andere. Wickeln Sie jede Scheibe in Plastikfolie ein. 1 Stunde bis über Nacht kühl stellen.

2. Um die Füllung zuzubereiten, kochen Sie das Wurstfleisch in einer kleinen Pfanne bei mittlerer Hitze und gelegentlichem Rühren etwa 10 Minuten lang, bis es nicht mehr rosa ist. Das Fleisch mit einem Schaumlöffel herausnehmen. Das Fleisch auf einem Brett zerkleinern.

3. In einer großen Schüssel die Eier und den Parmigiano schlagen, bis alles gut vermischt ist. Ricotta, Wurstbrät, Mozzarella und Fleischwürfel unterrühren.

4. Stellen Sie den Ofenrost in das untere Drittel des Ofens. Heizen Sie den Ofen auf 375 °F vor. Rollen Sie das große Teigstück auf

einer leicht bemehlten Oberfläche mit einem bemehlten Nudelholz zu einem 35 cm großen Kreis aus. Den Teig über das Nudelholz drapieren. Geben Sie den Teig in eine 9-Zoll-Springform und drücken Sie ihn sanft gegen den Boden und an den Seiten der Form. Die Füllung in die Pfanne kratzen.

5. Rollen Sie das restliche Teigstück zu einem 9-Zoll-Kreis aus. Schneiden Sie den Teig mit einem geriffelten Teigrädchen in 1/2-Zoll-Streifen. Legen Sie die Hälfte der Streifen im Abstand von 2,5 cm über die Füllung. Drehen Sie die Pfanne um eine Vierteldrehung und legen Sie die restlichen Streifen darauf, so dass ein Gittermuster entsteht. Drücken Sie die Ränder der oberen und unteren Teigschicht zusammen, um sie zu verschließen. Den Teig mit der Eierglasur bestreichen.

6. Backen Sie den Kuchen 1 bis 1 1/4 Stunden oder bis die Kruste goldbraun und die Füllung aufgebläht ist. Den Kuchen in der Form auf einem Kuchengitter 10 Minuten lang abkühlen lassen. Entfernen Sie die Seiten der Pfanne und lassen Sie sie vollständig abkühlen. Warm oder bei Zimmertemperatur servieren. Gut abdecken und bis zu 3 Tage im Kühlschrank aufbewahren.

www.ingramcontent.com/pod-product-compliance
Lightning Source LLC
Chambersburg PA
CBHW050152130526
44591CB00033B/1288